仕事　お金　生活

からの備えで安心!

脱 定年時代の歩き方

人生
100年時代
ロードマップ
つき

横手彰太
老後問題解決コンサルタント

Gakken

プロローグ

脱・定年時代の地図を手に入れよう

もう50歳なのか、まだ50歳なのか。

昨年、50歳になった私は、某優良企業からスタートアップに転職しました。あと10年、安定した収入の生活を維持するために、会社に残るという選択もありました。

しかし、混沌とした今の日本の状況では、**安定を求めれば求めるほどリスクが高く**なります。逆説的な発想です。私はあえてリスクを選択したほうが実際のリスクは低くなると考えています。

私は成功した経営者でもなく、エリートサラリーマンでもありません。振り返ると、山ほど失敗を重ねてきました。それでも、大学在籍中も卒業後も、そして今も、人生の岐路に立たされたときは、あえてリスクをとることを選択してきました。

はたから見ると常に不安定な道を選択しているように見えたかもしれません。もちろん、大成功ばかりではありませんが、その選択を悔やんだことはありません。


本書を通じて、まず提案したいのは、**「はみ出す勇気」**を持つことです。

人生の分岐点で、リスクを覚悟しつつ「変わろうとする気持ち」を押し殺さないようにしてみてください。


「安定したまま現状維持を目指したい」と考える人もいます。

でも、本当にそんなことができるのでしょうか。

仕事も生活も人間関係も目まぐるしく変化しています。

ですから、その変化に合わせて自分が変わらなければ、現状維持は難しいのです。

現状維持を望む人も、それ以上を望む人も、まずは変化を恐れないようにしてみるのはいかがでしょうか。

日本は**「リスク回避社会」**といわれています。
１９８１年から定期的に行われている世界価値観調査においても、「日本人はリスクをとらない」と指摘されています。

少しだけ歴史を振り返ってみましょう。

バブルが崩壊するまで右肩上がりの経済成長を維持していた日本では、多くの企業が**年功序列の終身雇用制度**を採用していました。この制度では、雇用期間が長くなればなるほど人件費は増大しますが、それを超えるスピードで業績が上がっていたため、問題はなかったのです。

一つの企業に60歳定年まで勤め、退職金をもらって老後は悠々自適な生活を送る。受験勉強を勝ち抜いて大手企業に入社すれば将来は約束されていました。

バブルが崩壊してからも、しばらくはその風潮が残っていたように思います。

「エリートコースを歩めば将来が担保される」という意味では、分かりやすい時代だったといえるでしょう。


しかし、時代は変わり、現在は２０２３年です。

年功序列の終身雇用制度は崩壊し、人生１００年時代を迎え、少子高齢化が進みました。

ＡＩにまつわるテクノロジーが急激に進化し、新型コロナの影響で毎日会社に通勤する人が減りました。

目まぐるしい変化の波に呑み込まれず、安全性や安定のみを追い求めるのは、至難の業です。

比較　旧・定年時代と脱・定年時代の歩き方

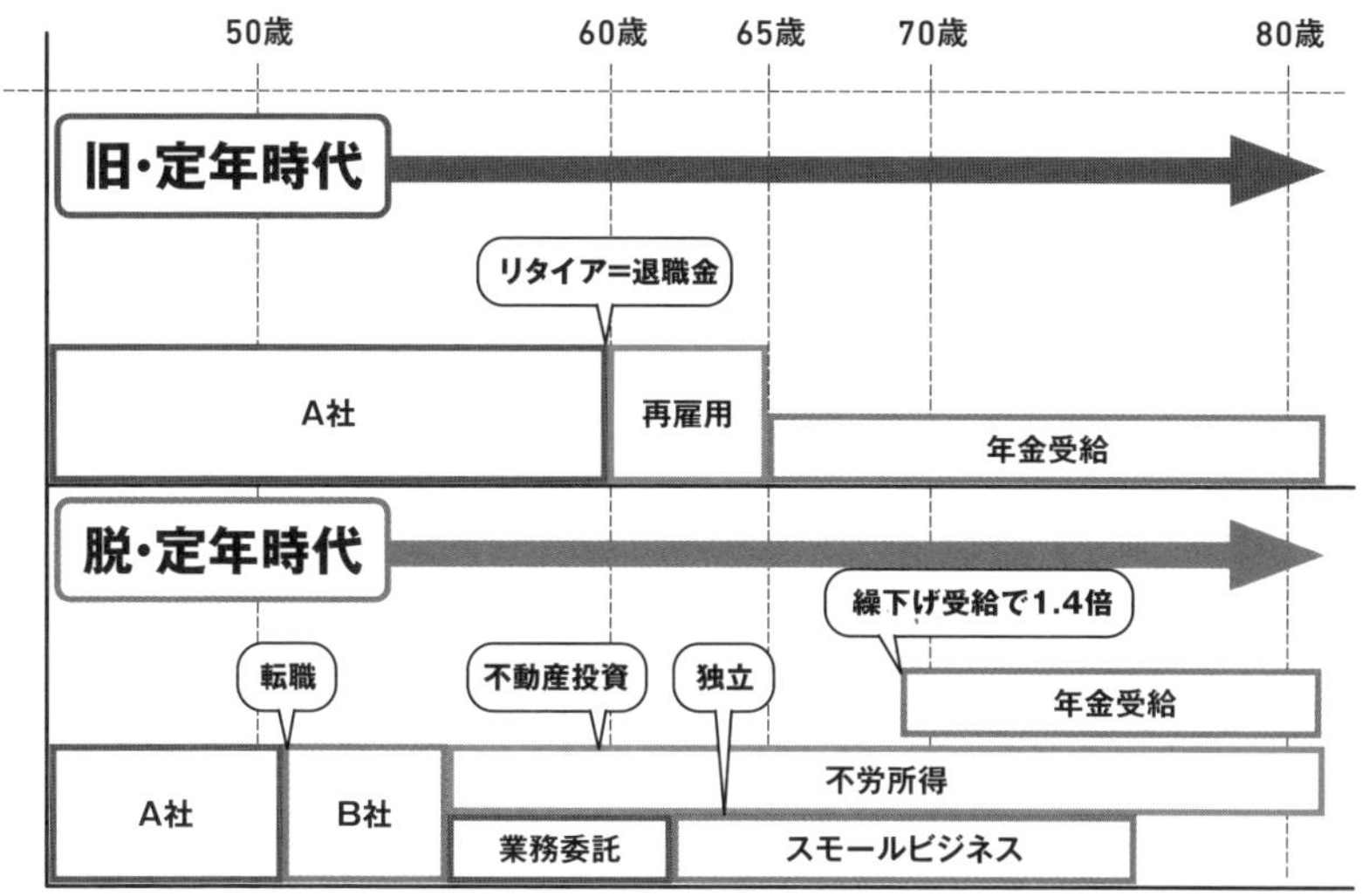

明らかに以前と異なっているのに、現状維持を追い求めるのはなぜでしょうか。

それは、「旧・定年時代」の価値観にしばられているからではないでしょうか。

上図のように、従来の終身雇用制度から逸脱しない生き方を無意識に選んでいませんか。心のどこかで、定年、再雇用、年金生活の定番コースをたどることが、「最も安全で確実」と考えていませんか。

繰り返しになりますが、リスクを回避することが安全圏に逃げ込むことにつながる時代は終わりました。

残念ながら、あなたの目の前に見える、最も安全そうに見える道には、非常に**危険なトラップ**がいくつも仕掛けられているのです。

その昔、高度成長期の日本では、還暦を迎えると、会社の仲間に「ご苦労様でした」というねぎらいの言葉とともに送り出されました。必ずしも全員が悠々自適の生活を送れるわけではありませんが、少なくとも、現在のように老後の資金を心配する必要はありませんでした。よくも悪くも、入社後の社会人生活は一本道でした。

時代が変わったことを嘆いても仕方がありません。

大丈夫です。時代の変化に合わせて、新しい道を開拓すればいいのです。

50代で転職をしてもかまいません。自分のタイミングでスモールビジネスの準備を進めたり、不動産投資などで不労所得を狙ったりしてもかまいません。

独立のタイミングも自分で決めるのが、脱・定年時代の作法です。

もちろん、独立せずに会社から業務委託を受けるという選択肢もあります。

転職もスモールビジネスも業務委託も、すべて自分で自分の道を切り拓くための手段に過ぎません。「こうあらねばならない」という**王道の確定ルートは存在しない**ことを理解してください。

本書では、旧・定年時代に縛られない人生の歩き方を提案しますが、この先、50代、60代、70代の未来では、あなたが今予測できないトラブルが発生することでしょう。そんなときも、決してあきらめず、行く手に立ちはだかる問題に向き合い、一つずつ片づけて前進してください。

あなたが今50歳で、人生を100年と見積もれば、余生は2600週以上あります。行き先が決まっている電車を降りて、ときには歩き、バスに乗り、また電車に乗る。いろいろ試しながら、残りの2600週を生きてください。

これからあなたがたどる道をつくるために、あなたの人生の**ロードマップ**を描いてください。

自分だけの地図をつくるつもりで、それぞれの分岐点であなたらしい決断をしてください。そして、決断をするときは、「リスクを恐れない」と自分で自分を励ましてみてください。

問題に立ち向かった経験は、必ずあなたの武器になります。そして、経験を積み、武器をたくさん持つことで、人生の後半戦になればなるほど怖いものがなくなっていきます。

ロールプレイングゲームでは、勇者は、地図を片手に冒険の旅に出ます。武器や防具、薬草を買いそろえ、仲間と出会いながら旅を続けます。最後にドラゴンを倒したりお姫様を助けたりしますが、本当に大切なのは（充実しているのは）、旅の過程ではないでしょうか。

本書には人生の分岐点で迷ったときに役立つ情報をできるだけたくさん掲載しています。「正解は〇〇」と断言できないときは、**決断の材料になる考え方や新たな提案**を盛り込んであります。

老後問題解決コンサルタントとして全国を行脚し、延べ１５００人以上の家庭の問題に向き合ってきた経験をもとに、できるだけ具体的に書いたつもりです。認知症とお金の問題を中心に、当事者（下は30代から上は90代までの家族）と向き合って並走してきた経験が活かせたと自負しています。

序章では、私自身の経験にもとづいた基本的なものごとのとらえ方を紹介しています。プライベートな話題を含め、なぜ現在のような考えに至ったかをできるだけストレートに表現しました。

第1章では、現在40代の方を対象にしています。50代以降で本格的な変革を実行するため、どんな準備をすべきかを書いています。

第2章は、50代が対象です。70歳以降も心理的安全性を担保しながら自分らしく働くためには、この年代で旧・定年時代の価値観から解放される必要があります。相続・介護などの問題を解決しながら新たな一歩を踏み出す大切な時期です。

第3章では、60代で起こりうるさまざまな状況を想定しています。60代は、健康面や家族関係においてトラブルが発生しやすい時期です。家族やパートナーとの絆を深め、難局を乗り切れば、楽しい老後への道が一気に拓けます。

第4章には、リタイア後の生活を中心とした提案を盛り込みました。80代90代に向けて、新たなシフトチェンジをしながら、思い描く老後の生活へと向かう時期です。

老後の不安はだれにでもあります。

しかし、不安を抱えながら悩むだけでは、何も変わりません。

今すぐ準備を始めることが大切です。

そして、**自分だけの地図**を手に入れてください。

未来には、さまざまなサプライズが待ちかまえています。あなたが、そして私が予想もできないような激動の時代が訪れるかもしれません。でも、安心してください。未来はそれほど暗くはありません。

本書で手に入れたあなただけの地図を頼りに、一歩ずつ歩いていってください。

脱 定年時代の歩き方　もくじ

第1章

40代は再スタートに向けて自分に投資する時期

第2章 50代はセカンドライフをスタートさせる時期

50代お金と生活戦略

第3章

60代はトラブルを回避して自分らしく生きる

60代お金と生活戦略

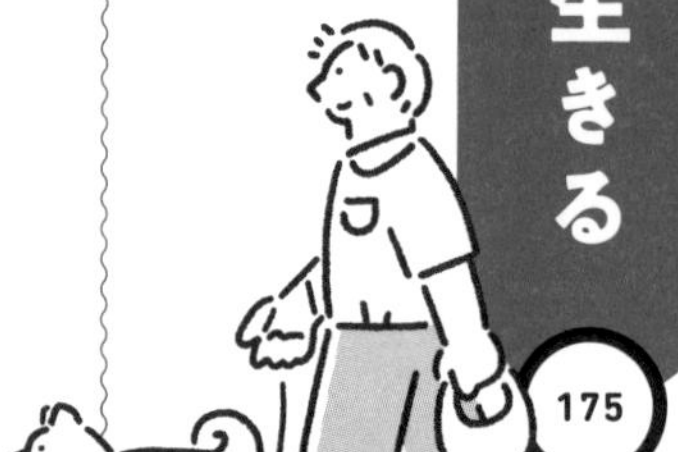

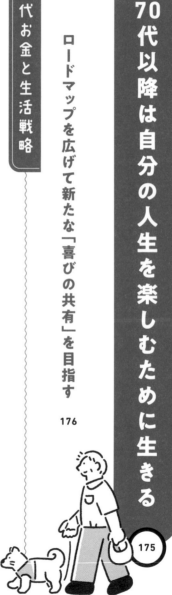

序章

脱・定年時代を生き抜くための7つのヒント

ヒント1

50歳からの20年間で人生が決まる

「人生100年時代」は本当でしょうか。

100歳まで続く人生が当たり前になる時代は、やってくるのでしょうか。

厚生労働省「令和3年簡易生命表の概況」によると、男性の平均寿命（0歳の平均余命）は81・47年、女性の平均寿命は87・57年で、この40年間で男女ともに着実に寿命は延びています。仮に100歳まで生きると仮定すると、50歳はちょうど人生の折り返し地点です。

確かに数字上はちょうど半分ですが、日常生活に制限がなく暮らせる年齢を示す健康寿命は、2019年の時点で男性72・68歳、女性75・38歳（内閣府2020年版「高齢社会白書」）でした。

何歳まで健康に暮らせるか……は、個人差があるため、大まかに70歳をリタイアの目標値に設定してみましょう。

すると50歳から70歳までは20年間となります。

「もう20年しかない」と考えますか？

それとも**「まだ20年もある」**と考えますか？

有名な「コップ半分の水」というたとえ話があります。

コップに半分入った水を見て、ある人は「まだ半分もある」と答えました。また、ある人は「もう半分しかない」と答えました。

この話は、物事のとらえ方によって人の感じ方が変わることの例として引用されます。


20年間は約240か月、240か月は約7300日です。

すでに**51年間、18000日以上**を過ごしている私には、とても短く感じられます。

「たった7300日で人生に悔いを残さない満足感が得られるのか」

「現時点からスタートして、どこまで到達できるのか」

そう考えると、正直、**不安になる気持ち**もあります。


1972年生まれ、現在51歳になった私が、長年勤めていた不動産会社から転職したのは2022年のことでした。

新たな就職先は、「家族信託」専門のスタートアップです。

50歳になってからの転職なので、内心はドキドキしていましたが、今は決断したことを後悔していません。

会社員として新たな舞台に立ちつつ、本を書いたり、老後問題解決コンサルタントとして取材を受けたりしながら活動しています。

10年前（3650日前）の私は、今の自分の姿を全く想像していませんでした。ですから、20年もあれば、まだまだ**今の自分が予測できないことを達成できる**と楽観的に考えることもできます。

そういう意味で「まだ20年もある」と捉えることもできます。

あなたは、どう考えますか。

ヒント2 「はみ出す力」を自分の武器にする

ここでもう一つ、質問させてください。

あなたは失敗したことがありますか。

そうですね。だれでも失敗はします。

「私は失敗したことがない」と言い切れる人はいないのではないでしょうか。

私も数え切れないほど多くの失敗を積み重ねて生きてきました。今でも「あのときこうしていたら」「あのとき別の選択をしていたら」と振り返ることはありますが、決して後悔しているわけではありません。

人生のさまざまな局面では、**たくさんの分岐点（ターニング・ポイント）**が待ちかまえています。もし、あなたが40代であれ、50代であれ、すでにたくさんの分岐点を乗り越えてきているのだと思います。

私の場合もそうでした。

大学を休学してスペインに留学したときも決断を迫られました。大学卒業後に就職したベンチャー企業のエービーシー・マートを辞め、北海道のニセコに移住して飲食店を始めたときも、大きな分岐点といえるでしょう（ドラマ『北の国から』が大好きだからという理由で！）。スキー場から徒歩5分の一等地にあったそのビストロカフェは、無料送迎サービスがヒットし、1年ほどで黒字になりました。

ところが順調に見えた矢先、突然、喘息を発症。咳に悩まされ、毎日嘔吐を繰り返す辛い日々を送るなか、共同経営者（仕事のパートナー）と不仲になり、一緒に仕事を続けていくのが難しくなりました（今思えば私が未熟でした）。

当時の私は35歳。今でこそ「転職なんて何歳でもできる」とうそぶいていられますが、あのころは「転職できるぎりぎりの年齢」と考えていたため、自分で自分を追い込んでいたように思えます。

背水の陣で全く経験のない不動産業界（営業の世界）に飛び込んだときも、今思えば、大きな人生の分岐点でした。

今振り返ると、ベストではないかもしれませんが、その都度ベターな選択をしてきたのではないかと考えています。


もちろん、すべてを自分の力で成し遂げてきたわけではありません。

特別な才能があるわけでもない私が、現在のようにさまざまな活躍の場を与えてもらえるようになるまでに、数々の人との出会いやサポートしてくれる人たちの大きな力添えがあったことも忘れてはいません。

そのうえで自分は、決断の際に**「はみ出すこと」**を意識していたと思っています。留学のときも、脱サラのときも、帰京を決心したときも、新しいステージに立つときは、いつも「自分の武器は何か」と自問自答しました。

天才ではない私が人に誇れることは、コツコツとやり続けることでした。

高校の勉強を通じて得たコツコツやり続ける**復習力**が私の土台になっていることは間違いありませんが、それだけで人生の荒波を乗り切ることはできません。人と違うことに挑戦するほんの少しの勇気も必要でした。

つまり、「コツコツやり続けること」の土台に「はみ出すことを恐れない心」を積み上げる必要があったのです。

[簡略版]横手彰太のロードマップ

	気運	
小学校時代	↓	・小学校のとき、父の仕事の関係でオランダに5年間住む。 ・帰国後、日本語がうまく話せず、小5でいじめにあう。
中学校時代	↓	・国語の偏差値は「35」。3年間、学校のなぞの丸刈りルールにより、暗黒時代を経験する。
高等学校時代	→	・コツコツやり続ける勉強スタイルがはまり、成績が急上昇。 ・指定校推薦で中央大学経済学部への切符を手に入れる。
大学時代(6年間)	↑	・自由な時間を過ごす。 ・一年休学して、スペイン留学。 ・英語、スペイン語、日本語のトリリンガルになる。
20代	↑ ↓	・ベンチャー企業(ABCマート)に就職。上場を経験。 ・中国、台湾、スペインに出張して営業・買付を担当する。イタリア、アメリカと世界を飛び回る日々。 ・28歳、脱サラを決意して北海道ニセコに移住。
30代	↑ ↓	・共同経営者としてニセコで飲食店経営をスタートする。 ・無料送迎サービスが大ヒットして黒字化。地域でナンバー1に。 ・34歳のときに喘息を発症する。 ・35歳で東京に戻り、不動産会社に就職(初の営業職)。 ・宅地建物取引士の資格を取得して、営業成績も上向く。
40代	→ ↑	・相続対策のチームに参加、「家族信託」の存在を知る。 ・認知症とお金の問題をテーマに、累計100回以上セミナーを開催する。延べ5,000人以上を対象に講演 ・44歳のとき、初めての著書(相続対策の本)を上梓。 ・45歳、NHK「クローズアップ現代+」に出演。 ・新聞、週刊誌で認知症とお金の問題の専門家として取材を受けるようになる。 ・家族信託に関する相談件数が累計1,500人以上に。
50代	↑	・50歳、家族信託のスタートアップ「ファミトラ」に転職。 ・社員として働きながら老後問題解決コンサルタントとして活動中。
60代以降	?	・自分でロードマップを鋭意作成中。スモールビジネス?

これを公式にすると、次のようになります。

私の武器＝「コツコツ」＋「はみ出す力」

コツコツやり続ける力を持っている人はたくさんいます。一方、大胆な発想ではみ出す勇気を発揮できる人も確かに存在します。それぞれ、決して特別な力ではありませんが、その2つを組み合わせたとき、威力のある大きな武器になることに気づいたのです。

私の場合、「コツコツ」は勉強の成功体験から学びました。一方「はみ出す力」は幼少期にオランダで過ごした体験がベースになっているのかもしれません。

小学校5年生のときにオランダから帰国した私は、日本語がうまく話せず、学校でいじめられました。中学校でも（全員丸刈りの）校風になじめず、違和感を覚えながら暮らしていました。そんな体験を積み重ねるうちに、よそ者であったり、はみ出していたりすることを恐れなくなったのだと思います。

あなたの武器は何ですか？

特別な力、圧倒的な力であったりする必要はありません。

ありふれた長所でかまわないので、それを組み合わせ、**小さくてもよいので〝掛け算〟**をすることで、特別な自分の武器を完成させてください。

もし、しばらく考えても武器が思い浮かばない場合は、ぜひ「はみ出す力」を自分の武器として格納してください。

頼れるものが見つかりにくい混沌とした時代に突入しつつある今、人生を楽しむチャンスは「はみ出す力」を身につけた人だけに訪れます。

「何も変えたくない」「どうせ何も変わらない」と考える人は迷宮に迷い込みます。「変えたい！」と考える人だけが、この不確実性の時代を**ワクワクしながら生き抜いていける**のです。

ヒント3 自分で決める人になることで「脱・定年」を実現する

不確実性の時代を言い換えるなら、「正解がない時代」でしょうか。

この20年で働き方は大きく変わりました。職場の人間関係も、生き方に対する価値観も変化し、隔世の感があります。

「昔はよかった」と懐かしむ気持ちはありません（個人的には、今のほうがよいと感じています)。

良い悪いではなく、私が30代のころと50代の今を比べると、働く環境が変化したことは事実です。

日本の企業は従来から、会社依存型(メンバーシップ型)と呼ばれる雇用形態を長年採用してきました。特定の会社にぴったりの人材を社内で育成するこの方法は、年功序列・終身雇用と相性のよい制度で、日本の高度成長期を支えてきました。

一方、スタートアップなどを中心に広がりつつある**ジョブ型雇用**は、仕事の内容を基準に人を割り当てる雇用形態です。

アメリカ式のジョブ型雇用では、必要な仕事に応じて社内外からスペシャリストを採用するため、職能さえあれば、年齢に関係なく高給を得られる可能性があります。

日本は解雇規制が厳しいため、ジョブ型雇用がなかなか浸透しにくい一面もありますが、少しずつそちらにシフトしているのは事実でしょう。ジョブ型雇用は、本来ドライな成果主義であるのも事実ですが、そこに、過去の経験や実績を加味した日本独自のジョブ型雇用のスタイルが生まれる可能性もあります。

問題の本質は、会社依存型かジョブ型かを選択するところにはありません。

日本人の場合は、**「定年制」という枠組みから自由になること**のほうが、ずっと大切だと思います。

現在の日本では、会社の規模にかかわらず、**勤務延長制度や再雇用制度**を採用する企業が年々増えています。

勤務延長制度とは、定年の年齢を60歳のまま据え置きにしつつ、定年後も退職させることなく雇用契約を延長する仕組みです。

一方、再雇用制度は、60歳に到達した時点で一旦定年退職させたあと、改めて再雇用の契約を結び、期間を決めて契約を更新する制度です。こちらは、雇用形態の変更とともに人件費を低く抑えることができるため、企業側に大きなメリットがあります。

どちらも、高齢化する日本社会に合わせて、働く期間の延長を目指す制度ですが、従来の定年制から大きくはみ出すものではありません。

そもそも、定年制は、企業が定める年齢に到達した際に一律で雇用を終了する仕組みで、明治時代にスタートしました。当初は「55歳」が定年でしたが、1986年に法律の改正があり、その後、定年60歳が定着しました。

さらにその後、2012年の改正で原則65歳まで雇用することが定められ、2025年4月からは、すべての企業に「65歳への定年の引き上げ」「定年制廃止」「65歳までの継続雇用制度」のいずれかが義務づけられます。

65歳以降も働けるのは嬉しいことでしょうか。それとも、65歳以降も働き続けるのは辛いことでしょうか。

私が本書で提案したいのは、日本企業の現況がどうであれ、以下の3つができる人になることです。

- **どんな仕事をやるかを自分で決める**
- **いつまで働くかを自分で決める**
- **どんな老後を過ごすかを自分で決める**

「会社から仕事をもらう」ではなく、自分が得意な仕事を会社に提供する。「会社に働かせてもらう」ではなく、自分が働きたくなくなるまで働く。「認知症や老後資金や親の介護を心配しながら生きる」のではなく、自分の老後を充実させる方法を自分で見つける。

それらをすべて実現するのが、この本で提案する**「脱・定年時代」の歩き方**です。

ヒント4 給料をもらう主体を変えるスモールビジネス

それでは、このような人生の歩き方を実現するためには、どうすればいいでしょうか。

脱サラをして、起業すればいいのでしょうか。

自分の会社を立ち上げればいいのでしょうか。


起業の志を持つことは悪いことではありません。

リスクはありますが、起業後に会社の規模を拡大して大成功する人がいるのは事実ですから、それを否定する必要はありません。

しかし、コツコツ型を自認する私が提案するのは、もう少しローリスクの方法です。


あなたが今、会社員なら、そこを足場にして、スモールビジネスを目指しましょう。この場合のスモールビジネスとは、個人事業主やフリーランスなど、個人で行える範囲の事業を指す言葉です。

そして、できれば、まとまった資金や従業員を必要としない「ひとり企業」を目指してください。

このスモールビジネスのメリットは、たくさんあります。

・生活スタイルに合わせて仕事ができる
・自分の裁量で仕事の種類を決められる
・人間関係のトラブルに巻き込まれにくい
・少ない資金でスタートできる
・変更や軌道修正がすばやくできる
・引退の時期を自分で決められる

しかも、このスモールビジネスは、**最もリスクの少ない自分のタイミング**で実行できます。

「まだスタートできない」と判断したら、会社の中で独立できるような立場を目指せばいいのです。「何かをやりながら片手間でできるほどビジネスは甘くない」と主張する人もいますが、それは副業の話だと思います。

本書で提案するスモールビジネスは、現在の仕事に縛られず、自由に働き方のスタイルを変えていくというものです。本業と並行して、「自分ができそうなこと」を探し、芽が出たら、それを育てて伸ばしていけばいい、と考えてください。

ただし、スモールビジネスは脱・定年時代の歩き方を実現するためのひとつの手段です。

「絶対にスモールビジネスを成功させなければならない」と考えないでください。

「できそうなときにやってみる」と気楽にかまえるだけで十分なのです。

ヒント5 自分がコントロールできないことで悩まない

脱・定年時代の生き方を実現するためには、「できることしかやらない」と決めることも大切です。

あなたが今50歳なら、70歳まで7200日。「あれも、これも」と手を出す時間がないからです。

効率優先主義のように聞こえますが、実際には**効果優先主義**です。効率を優先するからムダなことをやらないのではなく、自分がコントロールできない心配事に対してやきもきせず、はじめからパスをするのです。

自分がコントロールできないことは、以下のような心配です。

・大地震で首都が崩壊してしまう心配

・経済政策の失敗で年金が枯渇する心配
・超高齢社会が１００年続く心配
・地球温暖化が著しく進行してしまう心配

一方で、自分でコントロールできる心配とは、以下のような心配です。

・生活習慣病になってしまう心配
・親の介護で振り回される心配
・夫婦仲が悪くなって熟年離婚をする心配

まじめな人ほど心配性です。

でも、このように「心配しても仕方がないことは心配しない」と割り切るだけで、気持ちがぐっと楽になるのではないでしょうか。

ヒント6 「お金を増やすこと」を人生の目的にしない

それでは、お金の心配はどちらでしょうか。
老後問題解決コンサルタントとして活動していると、セミナーでよく以下のような質問を受けます。
「老後の資金は何千万円あれば大丈夫ですか」
「絶対に失敗しない投資の方法はありますか」
「退職金を増やす方法を教えてください」

総じて、**お金に関する悩み**が多いようです。遺産相続や認知症、介護の悩みなども、お金の話とは無関係ではありません。

いわゆる**「老後資金2000万円問題」**が話題になってから、ますますその傾向に拍車がかかっているようです。

この問題のきっかけは、金融庁が報告書を発表したことがきっかけでした。この報告書によると、無職で年金だけで生活している高齢夫婦の毎月の赤字額を約5万円と見積もると、20年で約1300万円、30年で約2000万円足りなくなるというわけです。

確かに計算上は間違いではありませんが、逆に**毎月5万円稼げば（節約すれば）**、老後資金が不足することはありません。お金がないよりあったほうが安心なのは確かでしょう。資産家であれば悠々自適の老後生活を送れる可能性が高いのも事実です。

しかし、（私自身もふくめて）大多数の人が手元にある資産を運用するだけで左うちわで暮らしていけるわけではありません。

目前の損得に一喜一憂するのはやめましょう。

お金を管理することは大切ですし、無理のない範囲で投資をするのも有益です。しかし、お金を増やすことを人生の目的にするのは味気ないものです。

息を引きとるときに札束しか残らない人生が幸せでしょうか。

最も有益なお金の使いみちは、**自分や自分の家族に投資すること**です。

あなたがまだ40代や50代なら、あなた自身の価値を高めるためにお金を使ってください。

恋人や配偶者、子どもなど、大切な人がそばにいるなら、その人と一緒に過ごす時間のためにお金をつぎ込んでください。

自分への投資も、大切な人への投資も、いつか必ず「思い出の配当」となってあなたの手元に返ってきます。

ヒント7 「縦の関係」から新たな「横の関係」を目指す

「脱・定年時代」を実現するためには、もう一つ重要なことがあります。人間関係を見直して、再構築することです。

仕事でも家庭でも、地域社会のネットワークでも、これからは年功序列や役職の上下関係を大切にする**「縦の関係」**は崩れ、**「横の関係」**が主流になっていくはずです。今後、「縦の関係」にありがちな、下の立場の人に命令したり、上の立場の人に服従したりすることもなくなります。

この「横の関係」は、心理学者アルフレッド・アドラーが提唱したものです。アドラーの心理学においては、親子のコミュニケーションは信頼や尊敬、協力などの「横の関係」でつながっていると考えられています。

親子の間柄における「縦の関係」とは、親が子どもに命令したり干渉したりすることを指します。

「心配だから」「未熟だから」という理由で、親が子どもにあれこれ指示を与えれば、子どもが自分で考えて行動することができません。子どもが指示通りに行動できなければ、イライラしたり心配したりした親が先回りをして手助けしてしまうので、結果的に**子どもの成長の機会**を奪ってしまいます。

 おすすめの1冊:『勇気づけの方法(アドラー心理学を語る4)』(著:野田俊作/創元社)

一方、親子における「横の関係」とは、お互いに**信頼と尊敬の念を持つ関係**です。親が子どもを信頼すれば、子どもも親を信頼します。親が子どもを尊敬すれば、子どもも親を尊敬してくれるようになります。結果的に「尊敬＝信頼」の関係になります。年齢や役割が違っても、お互いに信頼と尊敬の念を持って接することが大切なのです。

同時に、アドラーは、**不完全を受け入れる勇気**を持つことが大切だと説いています。親であれ、子どもであれ、すべての人間が不完全な存在であることを認めることがスタート地点になるのです。

親も人間なので失敗したり間違えたりします。子どもも人間なので失敗したり間違えたりします。お互いに、不完全であることを認めたうえでお互いを尊重し、一緒に成長していくことを目指せばいいのです。

二人の子ども（中1・小1の男の子）の父親として、このアドラーの考えは腑に落ちました。親が完全な存在であることを演じる必要もなく、子どもに完璧であることを求める必要もありません。そう考えれば、気持ちがとても楽になりました。子どもに何かできないことがあっても、イライラしなくなりました。

そして、特別に何かができたときだけではなく、**できて当たり前のように思えるこ**

とに対しても声をかけて勇気づけています。

「部活、がんばったね」「ごはんを残さず食べたね」「遅刻しなかったね」など、当たり前に思えるようなことに対しても、きちんと声をかけるようにしています。テストの成績が悪かったときも、頭ごなしに叱らず、子どもの気持ちに寄り添って、一緒に対策を練ります。失敗を否定するのではなく、失敗を繰り返さないようにするために何ができるかを対等な立場で話し合うのです。

これらを積み重ねていった結果、信頼や尊敬の念が芽生え、親と子の「横の関係」が成立するようになるのです。

当然、パートナーの関係も「横の関係」です。どこでも、いつでも、だれとでも「横の関係」です。地域のネットワークでも、知人・友人の関係でも同様です。

ハッピーな人間関係は、**相手を対等な存在として尊敬すること**から始まります。そして、お互い共感できる「横の関係」が当たり前になれば、後悔のない充実した老後生活を送れるようになります。

ここまで「脱・定年時代」をめぐるさまざまな要因について解説してきました。

次の第1章からは、年代別に待ちかまえる数々の分岐点（ターニング・ポイント）に対して、どのように対処すればよいか、どう考えて決断すべきかを解説していきます。

中年期から老年期のさまざまな局面や人生の分岐点において、あなたの決断をサポートできれば幸いです。

第1章

40代は
再スタートに向けて
自分に投資する時期

40代に準備しておいたことが結実して、50代の推進力になる

40代に入ると仕事の責任が重くなります。後輩を指導したりアドバイスしたりしながらプロジェクトを成功に導く楽しさを知り、やりがいを感じるようになります。

仕事だけではなく、私生活においても結婚、子育てなどで忙しく充実した日々を送っている人も多いのではないでしょうか。

「将来のことなんて考えている余裕がない」と嘆く人もいると思います。

年功序列の終身雇用制度であれば、そのまま仕事の波に乗っているだけで無事に定年を迎えることができるかもしれません。しかし、「脱・定年時代」に突入している今は、その先のことを考えはじめる必要があります。

人生100年時代において、**50歳は折り返し地点**です。

「あなたが70歳以降も自分らしく働きたい」と考えるなら、40代のうちにスモールビジネスの種をまいておきましょう。

忙しい時間の一部をさいて、自分を見つめ直し、「自分の武器は何か」を探してみてください。

同時にお金をコントロールする意識を持つようにしてください。

「まだ、老後のお金を心配するのは早い」と考えがちですが、将来、お金に振り回されないために、今のうちに「できること」「できないこと」を見極める目を養うのです。

「投資を始めよう」と呼びかけているわけではありません。詐欺やリスクの高い金融商品に引っかからないように、資産管理について学んでおくことが大切なのです。

もう一つ大切なことは、健康に対する配慮です。

スポーツジムに通ったり、インストラクターの指導を仰いだりしなくても、健康を維持する意識を高めることはできます。老後の生活を考える場合、あなたが考えている以上に、40代のうちに健康に配慮する習慣をつけることは重要です。

50代に突入する前に、**仕事、お金、生活、健康など**、加齢とともに大切になるすべてのことに布石を打っておくのです。

40代 働き方戦術

分岐点

01

本当にこのままでいいのか、出口が見つからない

40代になると仕事・家庭の両面で大きな負荷がかかります。同時に「このまま年老いてよいのか」と漠然とした不安を感じる時期でもあります。ここでは、自分を見つめ直すための一冊を探すことをおすすめします。近い将来、人生の岐路に立たされたとき、決断を後押ししてくれる本を見つけておくことが、脱・定年時代に備えるファーストステップです。

50 40

60

40代に入ると、社会人としての知識や経験が身につき、ある程度自信がついてきますが、「もう大丈夫」と安心することはできません。一生安泰と思われるような仕事のスキルも、**5年後には使えないもの**になっている可能性があります。

仕事、家庭、ときには子育てのことも悩みの種になります。何かもやもやするけれど、やるべきことが多すぎて何をどうしたらいいのかわからないという人がたくさんいるのではないでしょうか。

40代、50代以降の人生の後半戦に向けて準備を整える**大切な助走期間**です。目の前のことに追われて、じっくり考える暇もないという人は、ぜひ一度、自分を見つめ直してください。「もしかしたら、これまでの自分の考え方は間違っているかもしれない」と疑ってみましょう。

70

私が知らず知らずのうちに**負の思考**に陥っていたことに気づいたのは、40代の後半でした。世界的なベストセラー『7つの習慣』を読んだことがきっかけです。

この本は、著者のスティーブン・R・コヴィー氏が成功者たちを観察し、その原則を「7つの習慣」としてまとめた本です。

コヴィー氏によると、私たちは自分の過去の経験をベースにして現在の世界を見ています。そのため、同じものを見ても、それぞれ**物の見方やとらえ方（パラダイム）**が異なるのです。つまり、私たちが何かを考えるときは、常にパラダイムに支配されている状態であることを指摘しています。

そして、自分の行動を変えたいときは、行動の前提となるパラダイムから見直す必要があると主張しています。パラダイムを見直し、それを疑うことで、パラダイムシフト（パラダイムの大きな変化）を起こすのです。

もし、ここまで読んで、具体的に何をすればよいかわからない場合は、以下の7つの習慣に照らし合わせて考えてみましょう。

①主体的である（自分自身が変わる、自分の内面を変える）
②終わりを思い描くことから始める（自分自身の価値観に一致する脚本）
③最優先事項を優先する（家族との時間、心身のリスクなど）
④「Win-Win」を考える（介護離職は「Lose-Win」の関係）
⑤理解してから、理解される（家庭でも仕事でも挑戦する）
⑥シナジーをつくりだす（第3案を考える）
⑦刃を研ぐ（丸太を切る前に刃を研ぐ）

50 40

①は、自分の人生を**自分で選択し、自分で結果に対する責任をとる**というスタンスです。②は最終的に自分がどこへたどり着きたいかをイメージしてから**逆算で行動する**ことです。

そして、③は**「緊急ではないけれど重要なこと」**を最優先にする意識を持つことです。さらに④は、すべての人間関係において互いの利益になる結果を見出そうとする意識のことで、⑤は相手の意見を傾聴する大切さや、問題を理解せずに解決策は言えないことを説いています。

また、⑥の「シナジー」は、相乗効果のことで、「1＋1」を「2」以上にするために欠かせない発想です。

最後の⑦は他の6つを統合する習慣で、肉体的側面、精神的側面、知的側面、情緒的側面の4つの視点を持ちつつ、**自分という「道具」に投資をする**ために必要なものです。

古典的な名著なので「何を今さら」と受け取る人もいるでしょう。私はバイブルのように繰り返し読んでいますが「自分には合わない」と感じる人もいると思います。

そんな人は、自分を定期的に見つめ直すきっかけになる本を見つけてください。心のよりどころになるような本があれば人生の岐路で役に立ちます。地図を読み解くための**コンパスのような役割**を担ってくれるのです。

70 60

おすすめの1冊:『「言葉にできる」は武器になる。』(著:梅田悟司／日本経済新聞出版社)

分岐点

02

スモールビジネスのために種をまきたい

「スモールビジネス」に明確な定義はありませんが、一般的には少人数の小規模事業者を指します。場合によって、起業、スタートアップなどの意味で使われますが、本書では「従来の会社から独立して自分の裁量の範囲で稼ぐこと」と定義します。このスモールビジネスが、定年制から逃れる脱・定年時代の歩き方のカギになるのは、なぜでしょうか。

スモールビジネスを難しく考える必要はありません。一般企業の設立に必要な資本金やスタートアップに求められるイノベーションも不要です。

「私なんて」と謙遜して、自分で勝手にハードルを上げる必要もありません。ぼんやりと「自分なら何をして稼げるだろう?」と考えることからスタートしていいのです。はじめは、自分のキャリアを客観的な視点で見直し、**なんとなくやれそうなこと**をピックアップするだけでかまわないのです。

一つだけ注意したいのは、**自分探しの旅には出ない**ということ。

50 40

あなたが20代や30代なら、「やりたいことをやってみればいい」と背中を押すこともできます。実際に私も、20代で脱サラをして北海道に移住し、飲食店経営にチャレンジしました（かなりの大冒険でした）。

大冒険をして大成功する可能性もあるので、完全に否定することはできませんが、今あなたが40代なら、まずは自分の周辺を着実にリサーチすることをおすすめします。

以下の3つの視点で、スモールビジネスの種を探してください。

- **現在の仕事の延長線、または周辺にある仕事**（経理、企画、設計など）
- **自分で「適性がある」と評価できる能力**（語学、プログラミングなど）
- **規模が小さく、確実な需要があると予測できる仕事**（コンサルタント、セミナー講師など）

できれば複数（3つまたは4つ程度）候補をあげ、ビジネスの種をまくつもりで調べてください。スモールビジネスの種が複数あれば、**「どれかが芽を出せばいい」**と鷹揚に構えることができるからです。

リサーチを進めていく過程で軌道修正を行うのはまったく問題ありません。途中で方向性が変わることはよくあることだからです。収穫するのは50代以降ですが、この時期に種をまいておかなければ間に合いません。

分岐点

03

自分の武器を見つけるために

スモールビジネスの種を発見することだけが脱・定年時代の歩き方ではありません。自分の仕事の武器を見つけることで、50代以降の働き方を充実させることもできます。今やっている仕事の中から「あなたにしかない武器」を見つけましょう。代わりがきかない武器を持つ人になれば、あなたの周りに自然に仕事が集まってきます。

強力な仕事の武器を持つことで、あなたの価値は高まります。

私の場合、「家族信託（財産を管理・運用できる権利を子どもに渡す契約）」が武器になりました。

その昔、不動産会社の営業として働いていた私は、ある日、相続対策チームに参加することになりました。当時、新設されたばかりで、実際に何をどうすればいいか模索している状態でしたが、大阪のお客様との面談で初めて「家族信託」の存在を知りました。

そのお客様はこんな言葉を投げかけてきました。

50 40

「82歳になる父が認知症で判断能力がなくなると、父の資産10億円が使えなくなるんです。だから、家族信託を利用しているんです。横手さん、知らないんですか？」

この言葉を聞いて**「家族信託は認知症対策のイノベーションになる」**と確信した私は、家族信託を徹底的に研究して、自分の得意分野にしました。

家族信託に出合う前も、コツコツ研究することは自分の強みであり、それがお客様への対応にも反映されていたと思います。しかし、「これは！」と思えるような武器が見つからないため、限界を感じていたことも事実でした。

家族信託に出合えたのはたまたまですが、「何かないか」とアンテナを張り巡らせていたことも事実です。武器を探す気持ちがあったからといえるような気がします。

あなたにはどんな武器がありますか？

もし、武器になりそうなことを見つけたら、徹底的に研究して、その道の専門家になることを目指しましょう。

専門性のある一つのジャンルを深掘りすることで「あなたの武器」が手に入ります。

もし、あなたが「専門性とは無縁」と思える仕事に就いていたとしても、「複数の仕事を組み合わせて新しい価値を生み出せることはできないか」と考えてみてください。あきらめずに探し続けることが大切です。

70

60

おすすめの1冊:『僕は君たちに武器を配りたい』(著:瀧本哲史／講談社)

分岐点

04

「話が下手」と言われるが、どうすればいい？

コミュニケーションに自信がない人はたくさんいます。口下手、説明下手、あがり症など、不得手なことは人それぞれです。しかし、脱・定年時代に求められるのは好感度が上がるコミュニケーション能力ではなく、相手の具体的な行動を引き出すプレゼンテーション能力（以下、プレゼン力）です。話下手でもプレゼン力があれば問題ありません。

脱・定年時代を歩くなら、プレゼン力は非常に重要です。

会社に依存する旧・定年時代の働き方であれば、職務に応じた基本的なプレゼンを行うだけで、局面を切り抜けることはできるかもしれません。しかし、転職、業務委託、スモールビジネスなどを前提とする脱・定年時代の働き方では、日常的に不特定多数の人に対してコミュニケーションをとる必要があるため、プレゼン力が欠かせません。

1対1のプレゼン（面談）から、1対不特定多数のセミナーまで、あらゆる規模のプレゼンを想定しておいたほうがよいでしょう。

私は営業職でお客様へのプレゼンを経験し、のちにセミナー講師として活動するようになりました。そして、累計何千人ものお客様に接する経験を通じて、プレゼンの奥深さに気づきました。

プレゼンでもっとも大切なポイントは、**相手に行動を起こさせる**ことです。

セミナー講師として経験を重ねたうえで気づいたことは、話し方の上手・下手はあまり関係がないということ。プレゼン力はお客様の変化に表れます。

たとえば、以下のような反応です。

「あなたの話を聞いて○○をやってみよう思いました」

「○○に興味があるので、もっと詳しく教えてください」

こんな反応があれば、そのプレゼンは間違いなく成功です。

そして、こんな反応を引き出すことができるのは、プレゼンの中に「相手の喜ぶプレゼント（相手のメリット）」が含まれているからです。どんなにプレゼンが上手でも価値のない情報は喜ばれません（妻の場合は高級バッグが最高のプレゼントでしょうけれど……）。

どうすれば**相手が喜び、役に立つ情報**を提供できるか。この一点を徹底的に掘り下げます。そして、徹底的に内容をブラッシュアップしてください。

場数を踏めば話し方は自然に上達します。流暢に話す練習をするよりも、「相手にとって有益な情報とは何か」を考えることに時間を割きましょう。

70 60

40代 お金と生活戦略

分岐点

05

将来のために「投資」を始めたほうがよい？

「老後の資金が不足する」というニュースを聞くと、「40代のうちから投資を始めるべきなのでは？」という気持ちになります。しかし、あせって株式投資や投資信託に手を出しても、（かなりの確率で）よい結果は得られません。投資に回す資金があれば、金融商品ではなく自分の潜在能力に投資しましょう。40代から「自分への投資」を始めれば、50代以降に回収できます。

50 40

投資にはさまざまな考え方がありますが、私は金融の専門家ではないので、「この方法がベスト」と断言することはできません。

しかし、40代で家庭を持っている人なら家賃（住宅ローン）、出産・子育てなど、お金がかかることは山ほどあるので、投資に回す資金がないのが実状ではないでしょうか。

もし、資金に余裕があり、「老後の資金が心配」という理由で投資をスタートするなら、安定した不労所得を長期的に期待できる不動産投資（54ページ）、または貯蓄型の資金運用をおすすめします。

また、本書で提案する脱・定年時代の歩き方では、投資で目の前のお金を増やすよりも、**自分に投資する**ことを優先させます。

老後の資金として1000万円を貯めこむよりも、**70代以降も毎月10万円ずつ稼げる能力**を身につけるほうが重要だからです。

「お金が心配だから貯める」ではなく、「お金に縛られない人になるために自分の能力を磨く」と考えてください。

読書、資格試験の勉強、セミナー受講、ワークショップなど、自分を磨く手段はたくさんあります。もっとも効率がよく、かつもっとも安全な投資は、自分の能力を伸ばすことにお金と時間を費やすことであることを理解してください。

70 60

分岐点

06

不動産投資がうまくいけば老後は安泰？

不動産投資とは「不動産賃貸業」のことで、購入した物件を第三者に貸して収益を得る事業のことです。成功すれば長期的に安定した収入を見込めますが、失敗すれば自己破産を招くことがあるため、ほかの投資とは切り離して考えましょう。ここでは、不動産投資を検討している人のために、成功する人と失敗する人の違いを解説します。

ここからは少し、私の体験談をお伝えしておきます。

私は35歳のとき、北海道のニセコから東京に戻り、不動産会社に就職する決心を固めました。社員20名程度のベンチャー企業でした。

そこは不動産投資会社出身のメンバーが立ち上げた電話営業をメインとする会社で、営業マンは電話リストを片手に1日中電話をかけまくり、アポイントがとれれば全国どこへでも出かけていきます。

一件契約までこぎつければ、営業マンには何十万もの報酬が入ります。

この内情を知り、私はシンプルにこう考えました。

「本当に価値がある商品なら無差別に電話営業をする必要があるのか？」

当時（15年前）の不動産価格はバブル後の最低ラインで、結果的にそのとき不動産を購入した人は大きな損をしていないはずなので、商売として問題があったわけではありません。しかし、やはり私は、その会社の電話営業のスタイルになじめませんでした。

そんなもやもやした状態から脱出するきっかけになったのは、『中古ワンルームマンションで収益を上げる！』（著：重吉勉／かんき出版）という一冊の本でした。

重吉氏は、賃貸管理会社・日本財託の代表で、**「よいものだけを仕入れ、よい物件しか販売しない」「強引な営業や電話営業はやらない」**という営業方針を掲げており、私はそれに感銘を受け、考え方を大きく変えました。

この本との出会いをきっかけに、その後、縁があり、重吉社長の会社で営業として働くことになりました。電話営業から卒業して、セミナーを通じて不動産賃貸業の魅力を伝える営業スタイルに転向することで、心のなかに潜んでいたもやもやから解放されたと感じています。

この転職も、私のロードマップの大きな分岐点でした。

60 70

不動産投資はほかの資産運用にはない**「資金の借入（ローン）」**を前提とします。

借入金を完済するまでは、毎月の返済額を入居者の賃料収入でまかないますが、空室の間は持ち出しとなります。また、途中で物件を売却する場合、売却額がローン残高を下回れば、その分を自分の資産から補塡する必要もあります。

一方、資産価値を正当にシミュレーションして堅実に運用すれば、ローン返済後の賃料収入はすべて収益になるため、安定した老後の資金を確保できます。

不動産投資を視野に入れている人は、以下の失敗パターンを確認しておきましょう。

失敗パターン① 不動産投資の仕組みを理解していない（無知）

家賃10万円の物件で購入価格が1億円、利回り1・2％で借入金の金利が3％なら、赤字は確定です。物件の立地は関係ありません。地方でも、安く買い長期的に賃貸収入を得ることができれば、事業として成功します。投資ではなく、事業と考えればいいのです。

失敗パターン② 営業マンの人柄で契約を決める（思い込み）

物件を見るときに営業マンに頼り切ってしまう人は失敗します。

特に、**仕事が忙しく年収が高い人は要注意。**「人柄がよいから」「信頼できそう」という理由だけで物件を決めるのは危険です。

失敗パターン③　投資の目的が明確ではない（行きたい場所が不明確）

最も重要なポイントは「なぜ不動産投資をするのか」を明確にすること。「70歳以降、毎月の賃料収入を20万円にする」と言語化できる人はうまくいきます。

不動産投資は、多額の借金をして多額の家賃収入を得ることが目標ではありません。一時的に借金をしても、繰り上げ返済を積極的に行って借金の割合を減らし、**自ら安全な道をつくっていく投資方法**です。

投資である以上、１００％安全な道は保障されていませんが、ハイリターンを望まなければ、大けがをするリスクは低減できます。

前述のように、40代であれば自分への投資を優先させるべきですが、「それでも何か備えがほしい」と考えるのであれば、将来の不労所得につながる不動産投資に目を向けてみてください。

ここで紹介した失敗パターンを参考にして慎重に情報を集め、安全に家賃収入（不労所得）を得る道を見つけてください。定期的な収入を見込めれば、脱・定年時代を生き抜くうえで大きなアドバンテージになります。

70　60

おすすめの1冊:『中古ワンルームマンションで収益を上げる!』（著:重吉 勉／かんき出版）

分岐点

07

生活習慣の見直しは40代からが正解？

忙しい日々の中で、健康に対する意識がおろそかになっていませんか？ がん、高血圧、脂質異常症、脳血管疾患、心疾患などの生活習慣病は、年々増加の傾向にあります。ほとんどの生活習慣病は無症状（症状が出ない）のため、気づいたときにはかなり症状が進んでいるケースもあります。40代のうちに健康に対する意識を高めておくことが大切です。

私は30代で喘息になったため、健康に対する意識は高いと自負しています。病気や体調不良が**仕事と生活の質を下げる**ことを実感しているからです。当時、喘息の症状が出ると、階段を上るだけで、富士山の8合目、9合目にいるかのように息苦しく感じました。そんな日々を過ごしながら、**病気にならない体をつくる**生き方を目指せばいいことに気づきました。

体を動かさずに食べたいものだけを食べ、糖分や脂質をたっぷりとる。暇があればゴロゴロしてスマホばかり見ている。そんな無計画な生活習慣を見直すなら、40代の今がチャンスです。

50代以降に生活習慣病やその他の病気にかかってから後悔しても遅いのです。脱・定年時代の歩き方を実践しようとしても、パフォーマンスを維持できなくなります。

横手式の健康法は以下のようなものです。

- ■**毎朝5時に起床して水を一杯飲み、15分読書をする**
- ■**家のゴミ出しをきっかけに6時過ぎに15分程度の散歩（日光を浴びてセロトニンを分泌）**
- ■**帰宅後にスクワットや腕立て伏せ（ときには瞑想を10分）**
- ■**ミストシャワー5分のあと冷水を浴びる（冬でも）**
- ■**朝食は和食、昼食は蕎麦が中心（ときには素焼きのナッツ）**
- ■**移動中はエスカレーターを使わずに階段が基本**
- ■**夜の飲み会には出席せずに軽めの夕食をとり、9時に就寝（会食はランチで）**

どれも**「緊急ではないが重要な習慣」**です。私のこだわりは、質の高い睡眠、朝型の生活、和食の3つです。

あなたも、自分に合った健康法を見つけて実践してください。人生後半の医療費の削減、認知症の予防など、**メリットは無限大**です。40代のうちから健康習慣をスタートさせるだけで、幸せな老後を送れる確率が爆発的に上がります。

おすすめの1冊：『脳を鍛えるには運動しかない！――最新科学でわかった脳細胞の増やし方』
（著：ジョン J. レイティ、エリック・ヘイガーマン／NHK出版）

分岐点

08

生活のダウンサイジングはいつから？

「老後に備えるのはまだ早い」と感じている人も、一度、生活のダウンサイジングを検討してみましょう。「ダウンサイジング」とは、抑えられる生活費をできるだけ抑えること。ムダな出費を減らし、本当に必要なものにお金を使う生活を目指すことなので、単なる「節約」とは違います。余ったお金をどう使うかは、あなた次第です。

20代のころは収入も低く、あれこれ我慢するのは当然でしたが、30代、40代と年齢を重ねるにつれ、生活レベルが少しずつ上がり、「必要なものはすべてある」という状態に近づいているのではないでしょうか。

よく「一度上がった生活レベルを下げるのは難しい」といわれますが、本当にそうでしょうか。居住費や教育費など「必要なお金」を削減することはできませんが、**必ずしも必要とはいえない出費**に着目することで、無理をせずに生活をダウンサイジングすることは可能です。

まず、以下の5つのポイントをチェックしてください。

■食費……………自炊を増やし、衝動買いを減らすことで削減（夜の会食はしない）
■通信費…………格安スマホへの切り替えでコストダウン
■自動車の維持費……マイカーを手放してカーシェアリングを利用する
■保険料…………特約を見直す。保険契約をやめる
■光熱費…………古い電化製品を買い替える、または電力会社を見直す

また、持ち家があり、住宅ローンを返済している人は、繰り上げ返済を検討しましょう。早めに完済できれば、老後の生活が安定します。一方、賃貸住宅を利用している場合は、住み替えで家賃を下げることも検討してみましょう。

すべてを同時に削減する必要はありません。自分、または自分の家族ができることから始めてください。

急激なダウンサイジングは長続きしません。ダイエットと同じで、必ずリバウンドがあります。**年に2～3%を目安に10年かけて削減する**と考えたほうがうまくいきます。

少しずつ削減して、**将来使えるお金**を増やしてください。

60

70

分岐点

09 中学受験を親子で戦うか？ パスするか？

「中学受験」は日本独自の教育システムで、都市圏の私立中学や国公立の中高一貫教育校の試験を受けることを指す言葉です。現在、少子化により、小学校6年生の人口は減少傾向にありますが、中学受験をする児童の数は年々増加しています。首都圏では約5人に1人が中学受験をしている計算になります。ここでは、デメリットとメリットを両方紹介します。

親と子が中学受験を選択した瞬間に**さまざまな戦い**が同時にスタートします。

子ども自身の勉強における戦い、子どもと親の戦い、夫と妻の戦いが始まるのです。私も親として夫として4年間戦いました。やる気のない息子に対して「もう受験なんかやめちまえ」と何度叫んだか分かりません（あるあるです……）。

長男は無事に合格しましたが、現在小学校1年生の次男にも同じ道を歩ませるかどうかはまだわかりません（本人が希望するかどうかも不明です）。

中学受験のデメリット

50 40

■ **進学塾に支払う費用がかかる**
■ **親と子・夫婦間の両方に強いストレスがかかる（想像以上の負荷）**
■ **（私立中学の場合）教育費が増大する**

中学受験のメリット

■ **高校受験で苦労する必要がない**
■ **長期的な視野を持つことで人生の選択肢が増える**
■ **目標を共有することで親子の絆が深まる**

中学受験にトライするかどうかは、それぞれの家庭で判断すればよいと思います。

個人的には「公立でもいい」と思っていましたし、本人が望まない限り**親が強制すべきではない**と今でも思っています。

一方、親子で一緒に同じ目標に向かって難局を乗り越えることができたことは、自分にとってよい経験になったと感じています。

人生にとって中学受験がゴールではありません。しかし、脳がまだ成長過程の中学高校の6年間が、その後の生き方を変える可能性はあります。

さて、あなたはどう決断しますか？

70

60

分岐点

10 「自分に投資する」ってどういうこと？

40代は50代以降に備えて投資をする時期です。余剰資金を使って株式投資をすることも投資ですが、ここでは、自分に投資をすることを提案します。「時間がない」や「お金がない」を言い訳にせず、40代のうちにしっかり自分に投資をしておきましょう。自分を「道具」に見立て、ブラッシュアップするのです。この自分への投資は、将来目に見える形で返ってきます。

「自分への投資」は最もリターンが高い投資です。自分に投資をするということは、『7つの習慣』（43ページ）でいえば、「刃を研ぐ」に該当します。まず、その研ぎ澄ました刃で、**自分という道具をどう磨いていくか**をイメージしてみてください。

大きく分けると以下の3つの行動に分類できます。

自分への投資① 本を購入して読む

年間100冊購入するとしても、約15万円の投資です（1500円×100冊）。私は仕事に関係がない本も意識して読んできました。心理学、進化論、認知症の本、失敗学など、

書籍には、**希少価値のある情報**が掲載されています。

一冊1500円程度の書籍には、著者が伝えたい貴重な理論や考え、固有の情報がふんだんに入っています。そして、本を読んでいると、やがて、それまでバラバラに思えた情報が、ある法則をもとにつながる瞬間が訪れます。それが読書の醍醐味です。

情報が融合したあとは、ノートに図を書いてみることをおすすめします。自分の思考を「見える化」することで、さらに理解が深まります。

自分への投資② 自腹を切ってセミナーや勉強会に参加する

5000円のワンデーセミナーでも、何十万円の養成塾でもかまいません。「自分への投資」を惜しまないことが大切です。40代のうちに自分の給料から自分へ投資することを習慣化することで、**学びからリターンを得る体験**を蓄積できます。

自分への投資③ 会いたい人に会いに行く

人との出会いも自分を磨くことにつながります。対面で話をして、本からは得られない**「生の情報」**をつかみにいくのです。私は実際に、Facebook経由で連絡を入れ、感銘を受けた本の著者に会いに行ったことがあります。

70 60

分岐点

11

まだ間に合う？「アウトプット力」を強化したい

仕事に追われていると、新たな知識を身につけたり今までにない視点にふれたりする機会は限られます。学生時代には読書家だった人も、社会人になると本を読まなくなります。読書には、知識を増やすと同時に「考える力」を養うという効果があります。今からでも遅くはありません。新しい読書の習慣を身につけて、「アウトプット力」をバージョンアップしましょう。

２０１０年に米ネバダ大学は世界27カ国、７万以上のサンプルを対象に読書と教育に関する調査を行いました。研究の結果、家庭に25冊以上本がある家庭の子どもと、そうではない家庭の子どもを比べ、以下のような傾向があることが明らかになっています。

- **■（本がある家庭の子どものほうが）学校の成績がよい**
- **■（本がある家庭の子どものほうが）約２年教育が進んでいる**
- **■（本がある家庭の子どものほうが）大学への進学率が20％高い**

また、米イェール大学の研究では、読書によって**共感力が上がる**ことや、**脳が鍛えられる**こともわかっています。

このように読書が脳を鍛えることは確かですが、40代のビジネスパーソンであれば、ただ読むだけではなく、自分の能力を着実に上げることを意識したいものです。

私の場合は、読書でインプットをするだけではなく、そこで得た知識をアウトプットするまでを一連の行動として定義しています（70ページ）。

この一連の行動は、書店に行くことから始まります（年に100回以上訪れます）。

インターネットで本を購入することもありますが、基本的には、書店の店頭で本を手に取り、パラパラとめくりながら選ぶようにしています。実際にどの程度違うかはわかりませんが、書店の中を歩きながら本を探したほうが、よい出会いがある気がするからです。

購入した本を読むときは、「完璧に読もうとしないこと」を意識しています。

すべての本が「当たり」ではありません。ざっと読んで「これは？」と思い、途中で読むのをやめる本もあります。逆に、自分の血肉になるまで何度も読み返す本もあります。

本をたくさん読むこと自体が目的ではないので、見切りをつけることも必要です。

60

70

インプットとアウトプットを意識して「考える力」を鍛える

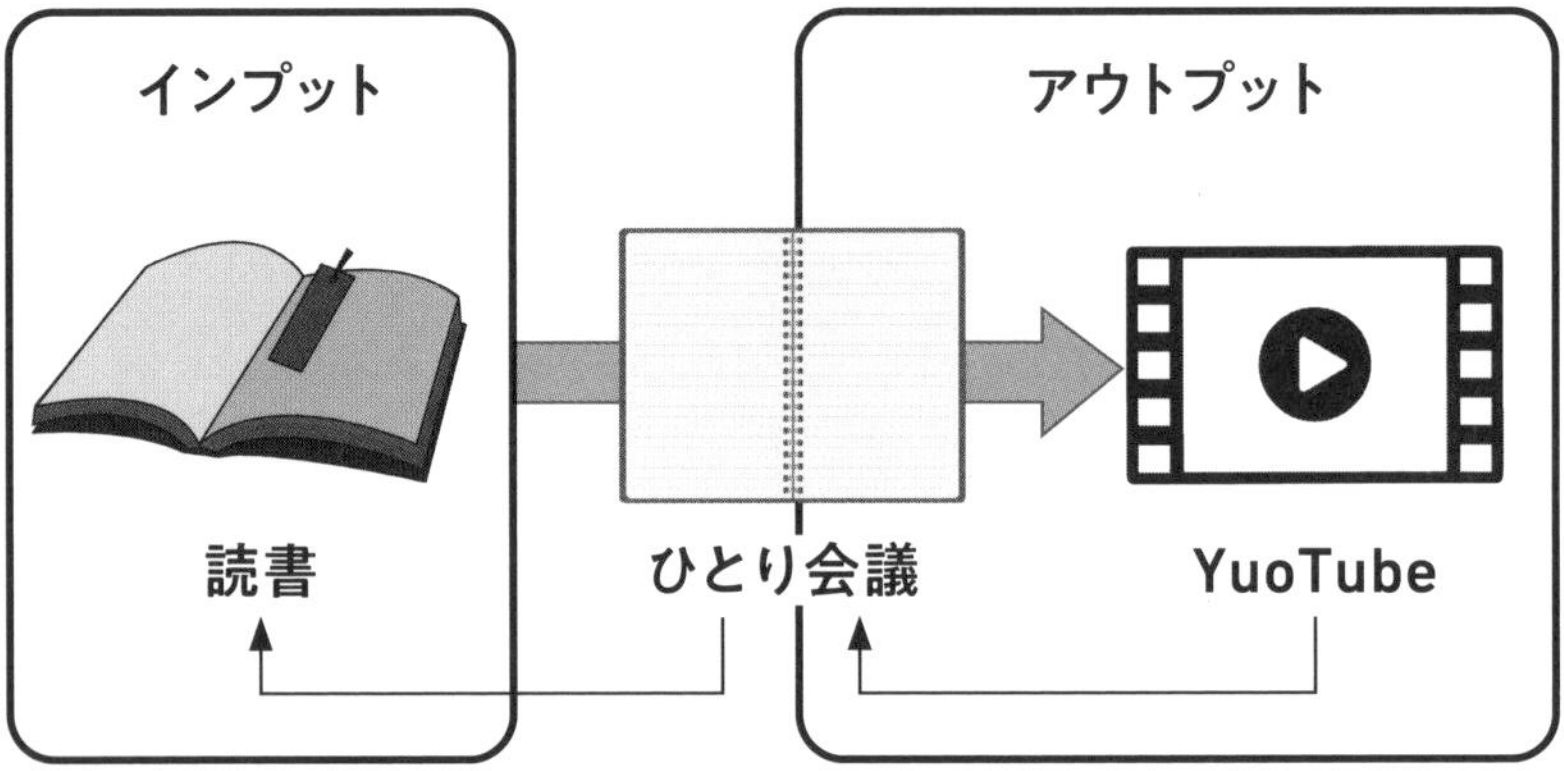

自分に役立ちそうだと思った本は、気になる部分をノートに抜き出します。本から得た情報をつなぎ合わせて、自分なりに図を描いてみることもあります。

私の場合、ノートがインプットとアウトプットをつなぐ大切なツールです。「ひとり会議」をしながら、本の内容について考え、**大切なことや気づいたこと**をノートに書き出します。

複数の本を読んで、ある程度考えがまとまったら、それを発信してみることをおすすめします。

また、私はユーチューブを利用していますが、SNSであれば、何でもかまわないと思います。第三者に向かって発信することで、自分の考えがさらに深まります。いただいたコメントを見返すことで、新たな気づきが得られる場合もあります。

ただし、中田敦彦氏の「YouTube大学」のように、体系的なコンテンツを目指す必要はありません。自己流でかまわないので、とにかくインプットしたことをＳＮＳでアウトプットしてみるのです。

アウトプットをしたあと、再び「ひとり会議」のノートに戻ります。反省点を含めてノートにまとめているうちに、次に読みたい本や読むべき本が見つかります。

これを繰り返している間に、自然に**考える力が身につく**のです。

子どものころ、オランダで過ごした私の国語の偏差値は、小学校時代「35」しかありませんでした。

そんな私が何冊も本を執筆することができるようになったのは、このサイクルを何度も回したからだと思います。

あなたが50代以降、どんな働き方をするにしても、この「インプット→アウトプット」で養った考える力は、必ず役に立ちます。

読書ほど簡単で効率のいい投資はありません。

70 60

 おすすめの1冊:『イシューからはじめよ――知的生産の「シンプルな本質」』(著:安宅和人／英治出版)

読書コラム 1

5,000円の本を買いました

古書でもない。専門書でもない。でも5,000円の本。『SHIFT：イノベーションの作法』（著：濱口秀司／ダイヤモンド社／Kindle版のみ）は、結果的に１万円以上出しても読みたい本でした。48歳のときに出会って衝撃を受けました。当時は、家事や仕事、子育てに追われ、何も前進しないような状態でした。

はじめに目をひいたのは著者の経歴。松下電工（現パナソニック）出身の元会社員ながらも、USBフラッシュメモリなどのイノベーションを連発して、アメリカで屈指のコンサルタントとして活躍している人です。電子書籍でしか読めないことがわかり、kindle本体とともに購入しました。

著者の濱口氏は、難しいことを分かりやすく説明するプロフェッショナルです。氏によると、イノベーションの要件とは「見たことも聞いたこともない」「実行可能である」「議論を生む」、そして「バイアス（思い込み）を破壊する」です。

（自分も含めて）世の中にはバイアスがこびりついています。そのために、バイアスを構造化して、逆を行くことは有効です。

私の専門でいえば、「亡くなることを前提とする解決策」ではなく、「長生きすることを前提にした解決策」を考えることが、逆を行くことに当たります。セミナーでも「家族信託はイノベーションである」と宣言しています。

「何歳になってもイノベーションは起こせる」と著者はいいます。

本書を読めば、自分の思考や顧客の思考の状態がわかります。そして、バイアスを構造化することで、「SHIFT（変化）」を起こすことができるのです。5,000円で人生をSHIFTできるならば、これほど安い投資はありません。読めば、わかります。

第2章

50代は
セカンドライフを
スタートさせる時期

50代の10年間で70歳以降の働き方が決まる

50代は責任が重くのしかかってくる時期です。

仕事でも家庭でも、あなたの決断が周囲に与える影響は小さくないでしょう。

だからこそ、50代の10年間はあなたの人生にとって大きな意味を持ちます。


40代から準備していた**スモールビジネス**の芽を開花させましょう。

目の前の収入が目減りしても、将来の自分の仕事に役立つのであれば、転職にチャレンジしましょう。「今さら遅い」と思わず、意中の企業を探すことで、これまで見えていなかった新たな視界が開けます。

役職定年で責任のあるポストから解放されたら、思い切り自分の将来のために時間を使うのもいいでしょう。

業務委託やフリーランス、ひとり企業という選択肢もあります。

早期退職制度を活用して、新しい世界に飛び込むことも可能です。


私生活にも分岐点はたくさんあります。

子育てと介護の「サンドイッチ状態」から抜け出す方法を真剣に考えてみましょう。

40代のうちに「家庭の時間をおろそかにしてしまった」と自覚している人は、50代がラストチャンスです。この時期に手を打たなければ、家族と思い出をつくるタイミングがなくなります（成人した子どもは親のために時間を割いてはくれません）。

親の認知症や遺産相続が心配なら、家族信託が有力な手段となりますが、すぐに契約にこぎつけられるわけではありません。

50代のうちにしっかり時間をかけて**「オヤ活（親との信頼関係を再確認する活動）」**を行う必要があります。


「やるべきこと」が目白押しなので、息苦しく感じる人もいるでしょう。

この章で紹介する分岐点における行動は、ほとんどが60代になってからチャレンジしても遅くはありませんが、体力も気力もたっぷり残っている50代に行っておくほうが、より効果的です。


仕事のことでも家庭のことでも、50代のうちに成果をあげておけば、そのあとの流れが断然スムーズになります。人生後半戦の**スタートダッシュ**を決めるつもりで、懸命に取り組んでください

分岐点

12

プチ・ブラックな組織に見切りをつける

極端な長時間労働や実現不可能なノルマを課すわかりやすいブラック企業であれば、見切りをつけるのは簡単ですが、「ブラックな一面がある」という程度のプチ・ブラックな組織の場合、気づいていてもやり過ごしてしまうことも多いでしょう。「今さら転職は難しい」と考えるからです。ここでは、そんなプチ・ブラックな組織を見分けるポイントを紹介します。

あなたが勤めている会社は健全な経営をしていますか。

「どの会社も同じだろう」と割り切って考えているのでしょうか。それとも、「もう50歳だし、転職は難しいから」とあきらめているのでしょうか。

「定年まであと10年程度だからがまんする」と考えるのは、従来の定年制にしばられているからです。

50代から新たなステージで働くことを目指す脱・定年時代の考え方では、自分に悪影響をおよぼす企業に見切りをつけて、**一刻も早くさよならすべき**なのです。

まじめな人ほど、仕事がうまくいかないときに、「自分が力不足だから?」と考えてしまいます。20代や30代なら、実際にそういう場合もあるでしょう。しかし、50代の自分がベストを尽くしても、成果や責任の所在がはっきりしないまま仕事が流れていくようであれば、職場の環境を疑ってみましょう。

働く環境に問題のあるプチ・ブラックな組織には以下のような特徴があります。一度、チェックしてみましょう。

■ **上司が部下の話を聞かない（現場を理解していない）**

■ **自分の意見をはっきり言わない社員が多い**

■やる気がない社員が多く、職場の空気がよどんでいる
■不要な会議が多い、会議の時間がとても長い
■本質的な問題解決に向かおうとする人がいない
■社員の労働環境を犠牲にしてコストを削減している
■人事評価が役員または社長のお手盛りで決まる
■ハラスメントを許容する会社の雰囲気がある

3つ以上当てはまるようであれば、今すぐ転職（78ページ）を考えたほうがよいと思います。

もし、あなたが40代のうちにまいたスモールビジネスの種が芽吹いているのであれば、転職ではなく、独立に向けて準備を整えることに集中しましょう。

また、転職にせよ、独立にせよ、あなたが決断したこと（決断しようとしていること）は、この段階であなたのパートナー（妻、または夫）に伝えておいてください。伝えるタイミングが遅くなればなるほど、素直に協力してもらえなくなると考えたほうがいいでしょう。

転職や独立をしないことを家族のせいにしてしまう人はたくさんいます。

そんな人は、必ず以下のような言い訳をします。

50 40

「子どもの教育費がかかるので会社はやめられない」
「妻（夫）に相談したら、絶対に猛反対されてしまう」
「夫（妻）が糖尿病になったので、今は、そんな余裕はない」

その言葉は本当でしょうか。自分が決断できないことをパートナーや家族のせいにしていませんか？

熟年離婚をするのでなければ、この先の人生をともにするパートナーとは運命共同体です。ひとりで決める問題ではないので、**全力で説得、いや納得**してもらうべきです。50代以降のビジョンを共有しておくことで、パートナーが強力な助っ人になってくれるはずです。「私」の話ではなく、**「私たち」の話である**ことを強調してください。

すぐに共感してもらえなくても大丈夫です。まずは相手に納得してもらうこと。まだまだ時間はあります。のちに「あのとき、決断してよかったね」と言ってもらえるようになるまで、会話を続けてください。

分岐点

13

決断するなら今しかない！ 50代の転職

日本ではもともと50代以上の転職は狭き門でした。しかし、最近は少子高齢化による働き手の減少や、働き方の多様化などを背景に、50代以上の転職が少しずつ増えてきています。ちなみに、総務省の調査によると、45～54歳の転職者数は2015年から年々増加しており、「50歳からの転職は難しい」という常識が崩れつつあります。

50代の転職が少しずつ増えているのは事実ですが、他の年代に比べると、全体の総数はそれほど多くありません。その要因として考えられるのは、以下のようなものです。

50代求職者側の要因

- **定年まで過ごし、在籍企業で退職金を受け取ることを希望する人が多い**
- **転職すると年収がダウンする恐れがある**
- **希望条件にぴったりの求人が少ない**

50 40

年齢別の転職入職率

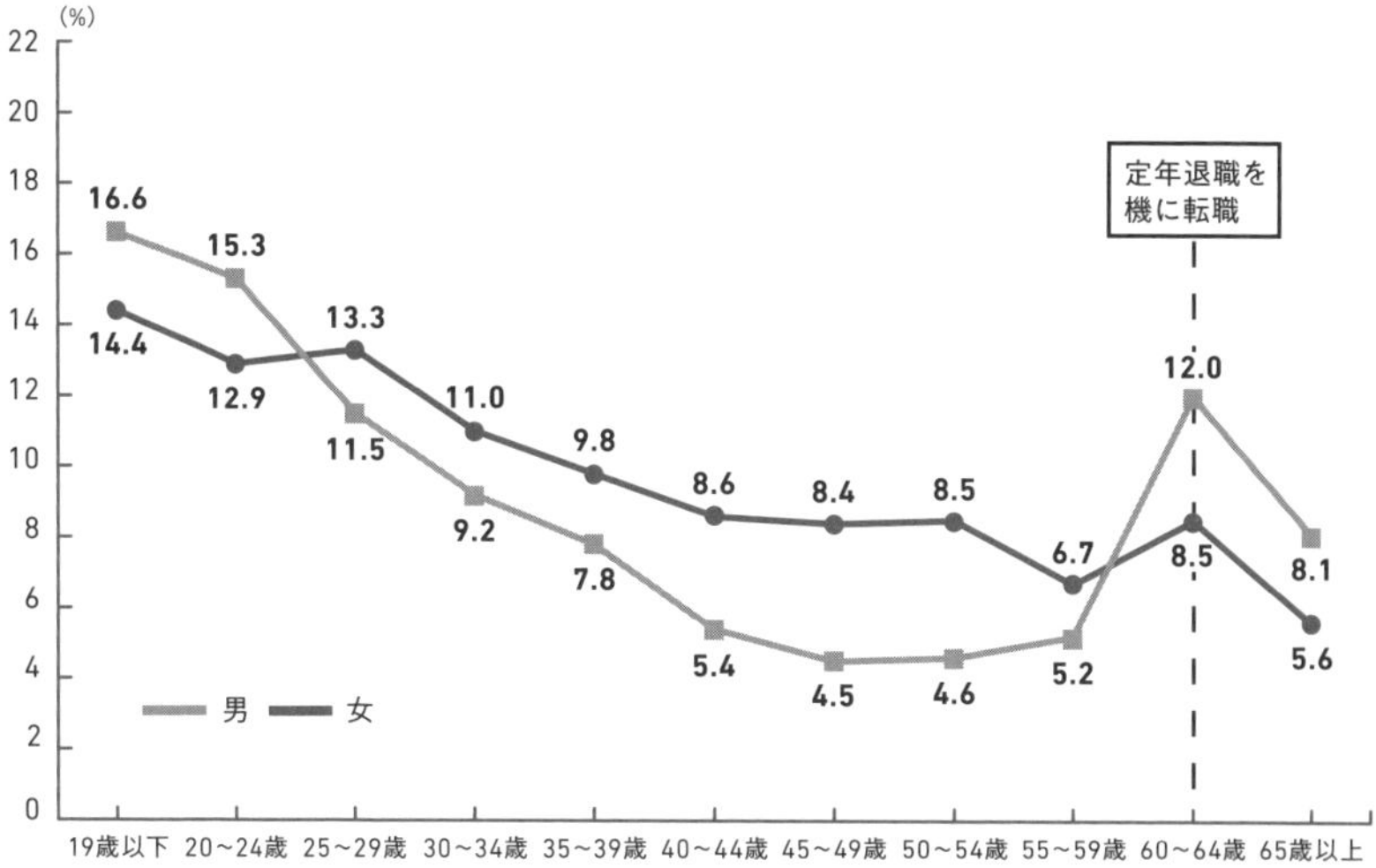

厚生労働省　令和３年雇用動向調査結果の概況

企業側の要因

■50代に見合うポストを用意できない

■管理職を外部の人材でまかなうことに抵抗がある。管理職は生え抜きの社員であるべき

■将来性を考えて40代以下の人材を採用したい

このように、求職者側の要因も企業側の要因も、従来の定年制の影響を受けていることがよくわかります。

求職者側が重視している退職金も、企業側が重視している「管理職＝生え抜き」も、年功序列の終身雇用をベースにしているからです。

幸いなことに、少子高齢化による働き手の減少により、以前よりも50代が転職しやすい状況になってきているので、年齢であきらめてしまわず、リクルート活動をスタートしてみることをおすすめします（実際に私も50歳で転職しました）。

ただし、現実的な問題として、以下の4つの条件に「イエス」と答えられる人のほうが、転職しやすいでしょう。

条件① 給与が下がってもある程度は許容できる

給与が下がる場合を想定しておく必要があります。「額面でいくらまで」「現在の給与の何％減まで」と事前に具体的な数値を決めておいたほうがよいでしょう。40代から生活費をダウンサイジングしていれば、給与が下がってもカバーできるはずです。

条件② 役職に就けなくてもかまわない

役職にこだわるのであれば、転職はあきらめたほうがよいでしょう。大切なのは働き方を変えること。現在、あなたが役員であったとしても、平社員からやり直す気持ちで挑んでください。**「上司が年下でも気にしない」**と割り切ることが重要です。

条件③ キャリアに専門性がある

これまでのキャリアに専門性があるほうが有利です（「私は部長でした」はＮＧ）。あなたにしかできない能力がある必要はありませんが、**「あなたなら確実にうまくできる」**と客観的に判断できるような実績があれば、採用する企業側も安心できます。

条件④　数字で説得できる実績がある

条件③の専門性がない場合は、数字を持っているかどうかが問われます。たとえば、営業職であれば販売数や顧客の数、管理職であれば売上○億円規模のプロジェクトリーダーを努めていた、などの実績です。

これらの条件に当てはまらない場合、転職のハードルは高くなるかもしれませんが、ネガティブに考える必要はありません。新卒の就職とは異なり、転職には期限がないため、現在の会社に籍を置きながら、**ロングスパン**で企業を探せばいいのです。

よい出会いがあれば、そのタイミングで転職します。

もし、あなたのスモールビジネスの可能性が高まれば、転職をやめて独立に踏み切ればいいだけです。

「転職できなかったらどうしよう」と考えるのではなく、**「どちらに転んでもかまわない」**という気持ちでチャレンジしてください。

60

70

分岐点

14

50歳のスタートアップ転職で人生を変える

革新的な技術やサービスを提供することで社会にイノベーションを起こし、短期間で急成長を遂げる企業のことを「スタートアップ」といいます。アメリカのシリコンバレーで生まれた呼称で、あのGoogleもAmazonも当初はスタートアップでした。現在、日本にもスタートアップがたくさん誕生しています。50歳で転職を考えるときの選択肢になりうるのでしょうか。

日本のスタートアップの成功例としては、メルカリ、BASE、ラクスルなどが有名ですが、電動キックボードと電動アシスト自転車のシェアリングサービスを手掛けるLUUP（ループ）、AIを利用した農作物の自動収穫ロボットを開発するAGRISTなど、テクノロジーの進化に寄り添った企業も次々に誕生しています。

ただし、現在、日本には約1万社のスタートアップがありますが、注目を浴びている企業はごく一部であることも事実です。

アメリカでは、優秀な学生が20代からスタートアップの起業を目指しますが、日本の20代はまだまだ保守的です。優秀な学生のほとんどが大企業を目指すので、はじめから起業、

50 40

またはスタートアップへの就職を希望する若者は少数です。今後、20～30代の若者には、積極的にチャレンジしてほしいと願っていますが、一方で、そんな現状だからこそ**「われわれ50代にも転職のチャンスがある」**といえます。

スタートアップの場合、立ち上げの当初から、IPO（新規上場株式）や事業売却などのイグジット戦略を視野に入れています。GoogleやAmazonのように、巨大な企業に成長することはまれで、ほとんどの場合、「価値があるうちに手放すこと」が企業家としてのゴールになります。

製品・サービスが一般に認知されるまでのコストは先行投資となるため、短期間に結果を出すことが求められます。結果が出れば出資が集まり、その出資を燃料にしてまた走り出すという仕組みなので、人材を一から育成して中長期的な視野でゆっくり事業を拡大していくという発想はありません。

そのため、**常に即戦力が求められます。**

黒澤明監督が世界に影響を与えた『七人の侍』に登場した侍たちのように、**高い戦闘力**を持っていることが参加の条件となります。

スタートアップのチームは、マーケティング、アライアンス、営業、プロダクトなどに関するスペシャリストを必要としています。

革新的なテクノロジーに関する知識や斬新な発想力・企画力がなければ起業はできませんが、チームメンバーであれば、スペシャルな職能があれば十分です。イノベーションを起こすためには、**事業の下支えをしてくれる人財**が絶対に必要だからです。この場合、年齢は関係ありません。

あなたが40代でも50代でも、真剣に探せば、これまでのキャリアを活かせるポジションが見つかる可能性が高いと思います。

目指すべきは、スタートアップの経営者ではありません。**起業ではなく転職です。**スタートアップ企業に転職するなら、あなたが今持っている武器で十分に戦える可能性があります。

私の場合は、「家族信託」が武器になりました。

実際に50歳のときにスタートアップに転職してみて、まず驚かされたのは仕事のスピード感が違うことでした。

現在の会社では、クラウド上にあるソフトウェアを利用する便利なＳａａＳサービスを積極的に採用して作業の効率を上げています。

スタートアップに所属して、日々の仕事の流れに合わせて働いているだけで、**勝手に**

50 40

自分の戦闘力が上がっていく気がしています。自分の強みである「はみ出す力」をパワーアップさせるためにも、最高の環境だと感じています。

あなたも50代の転職にチャレンジしてみませんか。

「はみ出す力」があれば、いつでもチャンスは転がってくると信じています。あなた自身をどう変えていくかは、いつもあなた次第です。

スタートアップへの転職は、人生のターニングポイントになるかもしれません。

50代のうちから、定年まであと何年と指折り数えたり、年金生活を心待ちにしていたりするような人には、自分でも驚くような**大きな変化や成長は望めません。**

もちろん、転職することだけがベストな選択ではないでしょう。転職を思いとどまり、今の職場でひたすら自分の武器を磨くという方法もあります。

しかし、もし、あなたが職場で「煮詰まっているな」「この環境では成長できないな」「人間関係を一掃して出直したい」などと考えているなら、スタートアップへ転職することを検討してみてください。「あのとき決断してよかった」と思えるような出会いが待っているはずです。

繰り返しますが、私のおすすめは「起業」ではありません。転職です。

70 60

分岐点

15

チームで成果を出したい（心理的安全性）

来るべき脱・定年時代では、組織全体ではなく、小さなチームで成果を上げることが求められるはずです。あなたがチームリーダーになったとき、どんなチームをつくり上げればよいのでしょうか。旧・定年時代によく見られた上意下達の「縦の関係」ではうまくいきません。これからは、チームメンバーの心理的安全性を重視した「横の関係」をベースにする必要があります。心理的安全性とはどんなものなのか、ここで確認しておきましょう。

仕事でチームを組み、リーダーとしてチーム運営を任されたときは、「心理的安全性」に配慮することが大切です。

「心理的安全性」とは、「だれかに助けを求めたりミスを認めたりしたときに、罰を受けることはないと保証される」ことです。これは、ハーバード・ビジネススクール教授エイミー・C・エドモンドソン氏が定義した表現です。

心理的安全性が高いチームは**「収益性が高く、離職率が低い」**とされ、世界的な企業、Google社で活用されたことでも知られています。

あなたが所属している現在のチームは、心理的安全性が高いでしょうか。


たとえば、こう考えたことはありませんか。

「これを言ったら空気が悪くなるな」

「この質問をしたら、無知だと思われるから聞けない」

「会議でこんな発言をしたら、面倒くさいヤツだと思われそう」


心理的な安全性が保障されていない場合、仕事場でチームのために行動を起こそうとしたとき、「無知」「無能」「邪魔」「否定的」という対人関係におけるリスクが発生するため、躊躇してしまいます。

だれでも心当たりがあるのではないでしょうか。


幼いころは自由奔放にふるまえていた人も、社会人になると心理的に制限がかかり、発言が丸くなり、表現が小さくなり、本心を隠したりするようになります。しかし、心理的安全性が高ければ、そんなことを心配する必要がなくなるのです。そのぶん、本来の実力を発揮しやすくなります。

70 60

心理的安全性の成果は、スポーツの世界に目を向けることで確認できます。最近のスポーツの世界で成果を上げているチームは、コーチやリーダーがメンバーの心理的安全性を高く保つ環境をつくっています。

サッカーのワールドカップで日本中に感動をもたらした日本代表の森保監督は、選手の自主性を重んじ、自由に話せる環境を大切にしながら、ドイツやスペインを打ち破り、予選リーグを1位で突破しました。

WBCで侍ジャパンを優勝に導いた栗山監督も選手の心理的安全性を尊重していたことが、インタビューや取材記事を通じて伝わってきます。栗山監督は、出番が少なかった選手に「ごめんな」「悪かったな」と声をかけていたそうです。

青山学院大学を駅伝の名門校に押し上げた原監督も同じだと思います。

ひと昔前のいわゆる体育会系の上下関係は影をひそめました。

選手が生き生きとしていて、選手間、選手・コーチ間の意見交換も活発に行われている。そんなチームが成果を上げています。

あなたが所属している今のチーム、あなたがリーダーとしてけん引している今のチームに、この心理的安全性をぜひ導入してください。

アドラー心理学の「横の関係」を参考に、お互いに信頼と尊敬を保てる環境を実現するのです。

脱・定年時代の社会では、個人が個性を発揮しやすい小さな組織で**安定的な成果**を出す必要があります。50代のうちにあなたが、強いチーム、成果を出せるチームを生み出す経験を積めば、それが必ず将来の道を切り拓く力になります。

「はみ出し力」があると自負する私も、過去を振り返ると、心理的安全性が低くなるような行動を選択していたこと気づき、反省しています。「あのとき自分がこうしていたら」と後悔することも多々あります（ニセコ時代も新婚時代も……）。

もし、あなたが所属するチーム全体に心理的安全性を浸透させるのは難しいと判断する場合は、家族に対する態度を変えることから始めてください。

配偶者に対する態度、子どもに対する態度を見直し、相手の立場を尊重しつつ、**自由に発言できる雰囲気**をつくることを目指すのです。

あなたの態度や発言を変えれば、一緒に暮らす家族の態度や発言も変わります。

まず、身近な環境で、脱・定年時代に不可欠の心理的安全性が高い環境づくりにトライしてください。

70 60

 おすすめの1冊:『心理的安全性のつくりかた』(著:石井遼介／日本能率協会マネジメントセンター)

分岐点

16

役職定年制度導入のお知らせが来たら？

役職定年制度は、役職ごとに定年を設定し、既定の年齢になった役職者がそのポストから離れる制度です。この制度の目的は人件費の高騰の抑止、組織の新陳代謝、若手のモチベーションアップなどです。一方、高年齢者雇用安定法により70歳までの就業機会確保が努力義務となった今、各企業がシニア層を重視するようになったため、役職定年制度の採用は減少の傾向にあります。

役職定年制度に対しては、前向きにとらえましょう。自分の中の軸を大きく変化させてくれる可能性のある、ありがたい話です。

会社には会社の課題があります。個人ではコントロールできない会社の課題に立ち向かう必要はありません。

管理職という仕事はありません。あくまでも役割です。

たとえば、ある企業で定年退職の年齢が60歳、部長職の定年が55歳だったと仮定します。

あなたが今54歳の部長なら、翌年が役職定年のタイミングです。55歳の年を終えたら部長職から退き、定年退職までの5年間は別の部署で過ごし、空いた部長のポストには、より年齢の若い人が入ります。

この場合、違う立場で残りの5年間を過ごすのが辛いのでしょうか。

それとも、役職で得ていた収入が減ってしまうのが心配なのでしょうか。

どちらも、定年制にしばられた考え方ですよね。

今いる会社で最後まで勤め上げるつもりなら、役職定年制度の導入は大きな事件でしょう。定年時の退職金まで見込んでライフプランを設計している場合、収入の低下は大きな損害だと感じるかもしれません。

しかし「脱・定年時代」の考え方をベースにしているのであれば、どちらも大騒ぎすることではないのです。

人生において管理職の時期が長いほど幸せであるという法則はありません。

今あなたが50代なら、あと30年以上人生は続きます。当然、管理職である時期よりも管理職ではない期間のほうが長く続くのです。

そう考えるだけで、気が楽になりませんか。

70 60

もともとあなたが、転職やスモールビジネスへの転向を考えていたとすれば、役職定年制度の導入がどうであっても関係ありません。40代から生活のダウンサイジングを行っていれば、問題はないはずです。

私が「チャンス！」と呼びかけているのは、「定年まで平穏無事に」と息をひそめていた人の**意識が変わる可能性がある**と考えるからです。役職定年制度がきっかけで人生設計を考え直してくれるかもしれない、と推測しているからです。

たとえ、管理職ではなくなったとしても、人生の主役はあなた自身です。**主役としてどう生きるかを考える機会**を与えてもらったと考えてください。

あなたが何歳でリタイアするにせよ、遅かれ早かれ毎月の収入は下がっていき、最後は年金だけになります。役職定年を予想より早く迎えたとしたても、スモールビジネスのスタートを早めることができれば、十分に挽回は可能です。

役職定年制度の導入は、生活費を見直すきっかけも与えてくれます。

たくさん稼ぎ続けることが難しいなら、生活費にかかるお金を見直せばいいのです。

私も50代ですが、長男は中学校1年生、次男はまだ小学校1年生です。少なくとも、あと10年は学費を捻出する必要があります。それでも転職の道を選び、後悔はしていません。

将来を憂いても、残念ながら直面する世界は変わりません。変わらない世界を変えるためには、世界の見方を変えるしかないのです。自分がかけている眼鏡（認識の仕方）を変える必要があるのです。

結論を急ぐ必要はありません。

特急ではなく、各駅停車でも、今あなたが見ている世界は徐々に変化し、結果的に大きく変容します。

繰り返しますが、あなたが50代なら30年以上人生は続きます。そのうちの20年はまだまだ働ける状態なのです。

役職定年や定年制は会社が勝手に決めたリミットです。

しかし、ここから先、「自分は自分で働き方を決める」と決心するだけで、リミットはどんどん延ばせます。

この機会に、ぜひ常識や企業の意向からはみ出して、**「リタイアのタイミングは自分で決める」**と言い切れる人になってください。

60

70

分岐点

17

50代で独立するために必要な準備は？

日本政策金融公庫総合研究所のアンケートによると、起業家の開業時の年齢は平均43・7歳（2020年度）でした。2013年度以降、この平均年齢は連続で上昇しています。超高齢社会を迎えた現代日本において、50代以降の独立は決してめずらしくありませんし、特別なことでもありません。着実に準備を整え、スモールビジネスをスタートさせてください。

スモールビジネスは、やりたいと思えばだれにでもできます。

ただし、成功するかどうか、自分がイメージする収入と環境を手に入れることができるかどうかは、あなた次第です。会社に在籍している間に、小さな実験を始めてください。ピアノ初心者がいきなりコンサートを開催するレベルになるのは無理です。成長するためには、コツコツ実験を重ねるしか方法はありません。

まずは、**「月に1万円」の売上を目指します。**

50　40

あなたの顧客を見つけることからスタートしましょう。

どんなことをやるかを決める以前に、**どんな顧客がいるか**を考えます。目の前にいる人を喜ばせるために、「自分には何ができるか」と考えるのです。

何か思いついたら、試してください。

「考える→試す→考える→試す……」

この実験を繰り返して、突破口を見つけてください。

「実験を繰り返しても、スモールビジネスなんて自分には無理」と自分で自分にストップをかけてしまう人は、そのストッパーを外すことから始めてください。

年齢も社内での評価も、まったく気にする必要はありません。

「自分にもきっとできる」と信じることからスタートしてください。

あなたがどんな仕事をしてきたとしても、50代まで仕事を継続してきたのであれば、約30年のキャリアがあるはずです。そのキャリアのなかから、**「顧客に喜んでもらえること」**を探すだけで十分です。

それでも、何も思いつかないのであれば、以下の6つの系統を見て、自分ならどれに当

60

70

てはまるかを考えてみましょう。

系統① スポットコンサルの契約を結ぶ

大手コンサルティングファームが手を出さない、ニッチな領域で勝負するのが「スポットコンサル」です。特別な資格は必要ありません。

業務改善、新規事業開拓、勤怠管理、市場調査など、どの企業にも共通して存在する業務のなかから一つを選び、徹底的に研究して**スペシャリスト**になりましょう。あなたが所属している会社で「〇〇の専門家」として認められているなら、独立後に自分の会社と顧問契約を結ぶという方法もあります。

系統② セミナー講師として活動する

スポットコンサルと並行して実践できるスモールビジネスです。

何らかの専門領域を持っていることが前提となります。ビジネス系のセミナー講師は、過去の実績が重視されるため、50歳以上のベテランのほうが有利です。

独自の理論やオリジナリティは必要ありませんが**「わかりやすさ」「論理的な構成」「説得力のあるデータ」**などが求められるので、事前の準備は必要です。

ユーチューブで動画コンテンツを発信し、何回も見返して自分の弱点を見つけるなど、

50 40

コツコツ努力を積み重ねることも求められます。

私のセミナーデビューは、10年以上前のことでした。東京・大井町の小さな会場でした。参加者は4人だったと記憶しています。セミナー講師とは、受講した人に行動の変化を起こさせることができる人です。

「どうやったら変化が起こるか」を考え、研鑽を重ねてください。

系統③　取得した国家資格で稼ぐ

これまでのキャリアで取得した国家資格を使って稼ぐという方法もあります。

過去にファイナンシャルプランナー、宅地建物取引士、社会保険労務士、社会福祉士、旅行業務取扱管理者など、人気のある国家資格を取得している場合は、資格試験の講師として活躍することができます。

資格関連の予備校と契約したり、ユーチューブで発信したりすることで、「先生」になるという方法です。

また、①のスポットコンサルや②のセミナー講師を行う場合も、国家資格があなたの**身分を保証**してくれます。

新たに猛勉強をして資格を取得する方法もありますが、50代であれば、すでに取得している資格に絞って学び直すほうがよいでしょう。

系統④　不動産投資で定期収入を得る

研究・調査をおこたらず、適切な投資を行えば、不動産投資はスモールビジネスとして十分に成立します（詳細は54ページ）。

系統⑤　ネット起業（請負業務）で稼ぐ

アフィリエイトで稼ぐ方法もありますが、50代以降にスタートするなら、自分のスキルを活かす方法を考えたほうが現実的です。

ホームページ制作やデザイン業務、動画制作、ライターなどの業務をインターネット経由で受注します。ただし、請負業務は、**受注が不安定になる傾向**があるため、ほかのスモールビジネスと並行して行うと考えたほうが安全です。

系統⑥　ネットショップを開店する

インターネット上に開設したウェブサイトで商品を販売するビジネスモデルのことです。販売する商品にオリジナリティがあることが前提ですが、セレクトショップのように、自分のセンスで仕入れる商品を決めて販売するという方法もあります。

ネットショップは販売業なので、小売業などで仕入れから販売までをひと通り経験している人のほうが有利です。**商品に関する知識や仕入先、消費者のニーズに対する理**

50　40

解などがアドバンテージになります。

どの系統が自分に向いているか、選択できましたか。

選択肢は複数あってもかまいません。

「準備の時間が必要」と感じたら、すぐにその準備を始めてください。

また、40代のうちに準備していたスモールビジネスの種と組み合わせてみるのも、よい方法です。

たとえば、あなたが保険会社のエンジニアとして働いているなら、「保険」と「エンジニア」を掛け合わせるだけで**付加価値**が生まれます。「保険」の提案ができる人もエンジニアも世の中にたくさんいますが、「保険×エンジニア」で保険業務を自在にデジタル化できる人は限られています。

このように、スモールビジネスの種を掛け合わせるだけでオリジナリティが生まれます。

ゼロから生み出す必要はありません。**「小さな違い」を掛け合わせて、ずらしていく**だけで違いを生み出すことができるのです。

柔軟な発想で、あなたの突破口を見つけてください。

70 60

分岐点

18

スモールビジネスを法人化するタイミングは？

スモールビジネスが軌道に乗りはじめれば、法人化も視野に入れる必要があります。法人化は役所に届け出をすればいいだけなので、手続きに関して心配する必要はありませんが、法人化する適正なタイミングを見極めることはとても重要です。ここで、法人化のメリットとデメリットをしっかり押さえ、そのうえで、あなたの価値観を加えて判断してください。

一般的に、法人化するかどうかは、次のようなメリットとデメリットを比較して決定します。これは、どんな事業にも当てはまる、**客観的な事実**です。

●法人化のメリット

①社会的信用を得やすくなる

業務の内容にもよりますが、一部の企業は法人との取引を前提としているため、個人事業主より受注しやすくなる可能性があります。また、実績次第ですが、金融機関からの融資を受けやすくなるのも事実です。

②消費税の納税義務が一定期間免除される

新たに設立された法人は、設立1期目および2期目には基準期間がないため、原則として2年間納税義務が免除されます。もし事業の立ち上げ時に多額の課税所得が見込まれる場合は、大きなメリットになります。

③節税の効果が期待できる

個人事業主の所得（収入から経費を差し引いた金額）が700万円を超えると、節税を期待できます。個人事業主の所得税と法人の法人税を比べ、確実に法人税のほうが割安になるのであれば、法人化を考えてもいいでしょう。

●法人化のデメリット

❶経理処理が複雑になる

法人化することで、帳簿や決算処理が複雑になり、法人税の申告にも手間がかかります。税理士等に経理業務の代行を頼めば、そのぶんコストがかかります。また、赤字でも法人住民税がかかります。

❷社会保険が強制加入になる

個人事業主の場合、従業員5人以下の場合、社会保険は任意加入となりますが、法人の場合、従業員の人数にかかわらず強制加入となります。社会保険料は労使折半（会社と個人が折半）となるため、ランニングコストが増えます。

ここまで読んで、あなたはどう感じたでしょうか。

私の結論は**「どちらでもかまわない」**です。

メリットとデメリットには、所詮、「どちらのほうが得か」しか書いてありませんし、迷うようであれば税理士が相談に乗ってくれます。

もし、あなたが20代や30代で会社を設立するのであれば、事業の拡大を目指して、できるだけ早く法人化することを目指すのは当然でしょう。しかし、私が提案しているのは、**50代から始めて自己完結するスモールビジネス**です。

手を広げるのではなく、できるだけ手を広げないことを目指すビジネスなので、法人であるかどうかよりも、いつまで働くかを決めることのほうが大切なのです。

法人化する場合も、法人化しない場合も、あなたが「社長」であることに変わりはありません。そして、このスモールビジネスの社長は、開業するときも廃業するときも、ひとりで決断する必要があります。

そのため、法人化を検討する際に、必ず**「いつ辞めるのか」**と自分に問いかけてください。ゴールは人によって異なるでしょう。経済状況や健康状態も大きな要因になると思います。しかし、曖昧に「できるだけ長く」などとは考えず、以下のように具体的にイメージしてみるのです。

- **70歳の誕生日に引退する**
- **ローンの返済が終わったら引退する**
- **老後の資金が1000万円貯まったらやめる**
- **娘が結婚したら廃業する**

ゴールを決めて、そこから逆算することで、今やるべきことが見えてきます。

引退後に何をしたいのか、老後にどんな生活を送りたいのかも、できるだけ具体的に考えてみましょう。

リタイア後のロードマップを言語化することで、おのずと法人化すべきかどうかの答えも見えてくるはずです。

70 60

分岐点

19

早期退職制度を利用するべきか

早期退職制度は、社員が自分の意思で早期退職を選択できる制度のこと。この制度を利用して自主的に退職をする場合は、退職金を上乗せしたり再就職をサポートしたりするなどの優遇措置が設けられています。一方、希望退職制度でも、この優遇措置は同様ですが、これは期間限定の退職応募制度で、会社都合による退職の扱いになるため、よりリストラに近い制度といえます。

早期退職制度にせよ、希望退職制度にせよ、何らかの優遇措置がある場合が多いので、スモールビジネスの準備が整っている人にとっては「ラッキー」以外の何ものでもありません。「退職金の上乗せ」というお土産までつくのであれば、利用しない手はないでしょう。

ただし、独立の準備が整っていない場合には注意が必要です。目先のお金に惑わされ、「余剰金で半年くらい休んでから仕事を再開しよう」と考えがちですが、そこが盲点になります。

60

手元に資金が残るので、半年の休みが8か月になり、やがて1年になります。そして、休業している時間が長くなればなるほど、**現場への復帰が難しく**なります。その期間に得られたはずの情報、知見、最新技術が抜け落ちてしまうため、ブランクが空けば空くほど挽回できなくなります。

「休んでいる間にじっくりスモールビジネスを研究しよう」と考えるのも危険です。自制心が強く、勤勉に研究に没頭できる人は少ないでしょう。大多数の人が「今すぐやらなくてもいいか」と考え、怠けてしまうものです。

働きながらスモールビジネスへシフトする準備を整えるのは大変です。本業が忙しいうえに、家族の問題も次々に発生します。そんな過酷な状況がほどよい緊張感を生み、その緊張感によって真剣な取り組みが生まれるのです。

一度、緊張がゆるむと元に戻すのは難しくなると考えたほうが無難です。

70

早期退職制度や希望退職制度を利用する場合は、**「本当にこのタイミングでよいか」**と自問自答してください。

タイミングが合えば利用しない手はありませんが、タイミングが合わないのであれば、スルーしたほうがよいのです。

分岐点

20

親が認知症？ お金の問題をどうする？

厚生労働省の「新オレンジプラン」によると、２０２５年には、認知症をわずらう人の数が７００万人を超えるという推計値が発表されています。これは、65歳以上の高齢者のうち、約5人に1人が認知症になる計算になります。あなたの親も、そして将来はあなたも、無関係ではありません。もしもの場合に備え、どう対処するかを考えておくことが大切です。

まずは、認知症によるお金の問題を知ってください。

認知症とお金の問題は切っても切り離せないのです。

認知機能が低下して判断する能力のない認知症と診断されると、お金の管理ができなくなります。本人が銀行に行ってお金を引き出すことができなくなるのです。

最悪の場合、親の生活費が足りなくなっても、自宅を売却するという選択がとれなくなります。そのときは、子どもであるあなたが立て替えをすることも視野に入れておく必要があるのです。

ただし、金融機関の多くは、病気や障害によって店舗に来ることができない人のために、手続きの一部を代理人に委任できる仕組みを設けています。認知症の症状がまだ進行していなければ、本人に委任状を書いてもらい、代理人が預貯金の払い戻しや振り込みなどの手続きを行うこともできます。

手続きは、金融機関によって異なるため、早めにホームページなどで確認しておくとよいでしょう。

突然ですが、ここでクイズです。私が毎月セミナーで話している内容です。

以下の設問に、「イエス」または「ノー」で答えてください。

【設問①】病院で認知症と診断されると、すぐ口座が凍結されるのでしょうか？

【回答①】答えは「ノー」です。医師が診断した情報が銀行に伝わり、口座が凍結されることはありません。亡くなった時点における口座の凍結とは違います。

一方、認知症と診断されていなくても、「署名ができない」「お金を引き下ろす理由を明確に答えられない」など、窓口で正規の手続きができないと判断された場合、銀行側の判断で凍結されてしまうことはあります。

【設問②】82歳になる母の定期預金300万円があります。介護費用は十分でしょうか。

【回答②】答えは「ノー」です。一般的に介護費用は、10年間で2000〜3000万円かかります。そもそも、認知症になると、本人が定期預金を解約できなくなります。

もし1000万円の定期預金があっても、いったん解約して普通預金にしておかないと、1円も使えなくなる可能性があるのです。

【設問③】遺言信託は認知症対策になるのでしょうか？

【回答③】答えは「ノー」です。遺言信託は信託銀行が遺言書作成のサポートや遺言書の保管、遺言の執行を代行するサービスです。亡くなったときに効力を発揮するのが遺言なので、本人が認知症になった場合は効力がありません。「認知症になったから」という理由でお金を引き出すことはできないのです。

回答はイメージ通りでしたか。ふだんから気にかけていない人には、意外に思えることもあったのではないでしょうか。

このように、親が認知症になって介護のための費用が必要になったとき、定期預金、投資信託、遺言信託などの資産を急に振り替えることはできません。だからこそ、認知症の症状が深刻な状態になる前に、家族信託（118ページ）」をはじめとする予防策を講じる必要があるのです。

すでに認知症の疑いがある場合は、早めの行動が求められます。**「資産はあるが引き出せる現金がない」**という状態にならないようにしたいものです。

認知症の症状や判断能力の有無には個人差が大きいため、素人には判断できません。そのため、認知症の疑いがある場合は、早めに医師の診察を受けて判断能力を調べてもらうことをおすすめします。

自分の親が認知症であることを認めるのは辛いものです。親本人も認めたくない事実であることが多いでしょう。それでも、迅速な行動が必要です。「もしかしたら」と思ったら、まず親の居住地の近くにある地域包括センターに相談してみましょう。

分岐点

21

サンドイッチ状態の難局を乗り切る技術

アメリカでは、自分の親と子、どちらの面倒も見なくてはならないX世代（GenerationX）のことを「サンドイッチ世代」と呼びます。親の介護と子育ての両方に挟まれた状態をサンドイッチにたとえているのです。日本の50代の現状はまさにサンドイッチ世代といえます。介護と子育てをこなしつつ、仕事も手を抜けないこの難局を、どのように切り抜ければいいのでしょうか。

日本の50代には、アメリカの「サンドイッチ世代」と比べられるように、親の介護と子育てを同時に捉えている人がたくさんいます。会社でも上司と部下の間に挟まれ、心にも体にも大きな負担がかかり、疲れています。

疲れが溜まっていると「もう勘弁してくれ」と嘆きたくなります。「どこかに逃げてしまいたい」という気持ちになることもあるでしょう。

しかし、そんなときこそ、一度立ち止まり、**周囲を見回してください。**

50 40

よく考えてみると、「自分にはできないこと」と「自分ができること」がないまぜになっていることがよくわかります。

たとえば、同居中の実父を介護する必要に迫られた場合、「自分にはできないこと」と「自分ができること」を以下のように整理するのです。

●自分にはできないこと

■**実母に介護をまかせる（実母に軽い認知症の症状が出ているため）**

■**会社を退職して実父を介護する**

■**配偶者に実父の介護を強要する（配偶者に介護の義務はない）**

●自分ができること

■**介護認定の手続きを済ませる**

■**ケアマネジャーに相談する（介護のサポートチームをつくる）**

■**実父が入所できる施設を探す**

こうして整理すると、やるべきことがはっきりしてきます。

配偶者と相談して、配偶者が「自分ができること」の範囲で手伝ってもらうことをお願いしてみるのはどうでしょうか。**夫婦の信頼口座**（これまで積み上げてきたお互いを信頼する気持ち）に残高があれば、一緒に難局を乗り切ることができるはずです。

問題解決のために夫婦でシェアする習慣があれば、快く協力してくれるはずです。

その意味で、ふだんから夫婦の信頼口座を貯めておくことはとても重要です。

もし、あなたが、仕事が忙しいことを口実にして、「子育てはまかせた」と妻に育児をすべて押しつけていたら、どうなるでしょう。

あなたが「父の介護認定の手続きを手伝ってくれ」と頼んだとき、素直にうなずいてくれるでしょうか。

逆の立場で考えてみると明らかでしょう。

夫婦の場合、「どちらが忙しいか」を競い出すと、この信頼口座の残高はみるみる減っていきます。最悪の場合、熟年離婚にたどりつく可能性もあります。そんなときは、つい「私は悪くない、あなたが悪い」という話し方をしてしまうからです。

自分が協力を申し出たことは、のちのち自分に返ってきます。

この法則は、親子や兄弟姉妹の関係でも同じです。

親子の信頼口座、兄弟姉妹の信頼口座の残高を増やしておくことが、**難局を乗り切る**

ための大きな力になるのです。

それぞれが、それぞれの人生で課題を抱えています。夫には夫の課題があり、妻には妻の課題があります。親も子どもも本人にしかわからない課題を抱えながら生きています。兄弟姉妹も然りです。あなたが抱えている課題を他の人が知らないように、他の人が抱えている課題をあなたは知りません。どう思うか、どんなカードを出すかは、それぞれが決めることなのです。

そして、残念ながら、介護の問題はさまざまな他の問題を引き連れてやってきます。認知症やお金、相続の問題とは無関係ではないからです。だからこそ、家族信託（118ページ）を早めに検討する必要があるといえるでしょう。

まずは、目の前の問題を片づけることから始めてください。

すべて解決するわけではなくても、もやもやした課題が一つでも目の前からなくなることで、気分がすっきりします。一度すっきりすれば、**次の課題に立ち向かう気力**が自然に湧いてきます。

「サンドイッチ」にたとえられるような、人生で最も厳しい時期を乗り切るためには、課題を整理して片づけて、一歩ずつ前進していくしかないのです。

分岐点

22

介護・相続で兄弟姉妹ともめたくない！

兄弟姉妹がいる場合、介護や相続をきっかけに仲たがいするのはめずらしい話ではありません。だれが介護するのか、介護に費やした時間をどのように相続で清算するのか、納得できる結論を出すのは簡単ではないからです。お互いに家庭を持ち、疎遠な状態になると、衝突する確率は高くなります。もめごとが心配なときは、早めに「オヤ活」「家族会議」に取り組んでみましょう。

相続対策ではなく、**「事前相続対策」**がこれからの主流です。

まずは**「オヤ活」**をしているでしょうか。

私の造語である「オヤ活」とは、自分の親と積極的にコミュニケーションをとるための活動です。離れて暮らしているなら、まずは実家を訪れて、世間話をすることから始めます。子ども（親にとっての孫）がいる場合は、一緒に連れて訪ねてみるのもいいでしょう。

50代になると、親と対面で話をする機会はほとんどなくなります。

特に、男親と息子の場合は、何を話せばいいのかわからないくらいです（私もそうです）。やり方は自由です。とにかく、親と積極的にかかわりを持つこと。この交流を通じて、親の体調や現在の心境を感じとるところから始めてみましょう。

60

年をとればとるほど認知症のリスクは高まります。

「物忘れがひどくなった（記憶障害）」や「声が聞こえていない（難聴）」など、何気ない日常会話の中で、親の認知機能の低下に気づくかもしれません。親と交流する機会を増やせば、**認知症の早期発見**につながりやすくなります。

親が認知症になれば、財産の凍結を覚悟しなければならないケースも考えられます。

だからこそ、「親が亡くなってしまうこと」を前提に親と話をするのではなく、**「100歳まで生きること」**を前提にして話すのです。

70

このオヤ活は、兄弟姉妹と交流するきっかけにもなります。

50代になれば、兄弟姉妹が疎遠になるのは自然です。「仲がいいわけではないがよくないわけでもない」という状態が当たり前ではないでしょうか。「正直なところ、お互いに何を考えているのかわからない」という関係になっていることのほうが多いでしょう。

そんな状態で、突然、親が亡くなったら、遺産相続でもめるのは当然です。

そうならないためにも、**家族会議**を開いて、オヤ活で得た情報を共有しましょう。「親が100歳まで生きること」や「認知症になること」を前提に、どのように共闘するかを正直に話し合うのです。

長男・長女、次男・次女、どこに住んでいるか、結婚しているかどうかなど、それぞれの立場は一律ではないでしょう。それぞれ状況が異なることを前提としつつ、以下の内容を話してください。

- **■親が病気または認知症で介護が必要になったとき、どのようにシェアするか**
- **■親の介護で必要になるお金をどのように捻出するか**
- **■介護やお金の問題を第三者に相談する場合、窓口になるのはだれか（リーダーを決める）**

どれもシビアな問題なので、いきなり切り出すのは難しいかもしれません。

もし、「信頼口座（お互いに信頼する気持ち）」に貯蓄がない状態であれば、家族会議を開く前に、たっぷり交流の時間を設けてください。血のつながった間柄であれば、時間をかけることで、自然に信頼口座の残高は増えていきます。

50　40

メールを送ったり電話をかけたりするだけでは不十分です。

どちらかの家を訪ね、夕食をともにして宿泊します。もし、都合が合えば、親も引き連れて大家族で温泉旅行に出かけましょう（カラオケもいいですね）。

配偶者や子どもも連れて行けば、自分が家族と過ごす時間も確保できますし、親にも喜んでもらえるので一石二鳥です。だれも損をすることはありません。

そんな家族同士の交流を通して信頼口座に貯蓄してから、折を見て家族会議を開きます。胸襟を開き、家族全員にとって大切な介護や相続の問題について真剣に話し合うのです。先回りをして、未来に起こるかもしれない諸問題の解決方法を探っておくのです。

定期的な家族会議を通して、**親の現在の状況とお互いの負担**を共有しておけば、いざというときに遺産相続でもめることもなくなります。

オヤ活や家族会議の下地があることで、次の家族信託（118ページ）という段階にスムーズに進めるようになります。

このように、オヤ活、家族会議、家族信託の流れをつくることで、時間と労力、ストレスを大幅に軽減できるので、人生の後半戦が劇的に変わります。

70

60

分岐点

23

「家族信託」で親子の安心を手に入れる方法

遺産相続にまつわるトラブル、親の介護の問題、熟年離婚など、50代になるとさまざまな問題に対処することが求められます。実は、これらの問題の大多数は「認知症」と「お金」の問題に深く関わっています。個別に対処するよりも、この2つの大きな問題を解決することが、安定した老後を送ることにつながります。ここでは、問題解決の切り札となる「家族信託」という制度についてくわしく紹介します。

これまでの相続では、遺言があれば、本人が亡くなったあとの手続きはそれに従いました。本人が遺言を残していなければ、相続人で話し合う遺産分割協議に入りますが、相続税が発生してもしなくても、財産分割で遺族がもめることは少なくありません。

はじめて親の遺産を相続する場合、遺産分割の仕組みがわからないまま遺産分割協議書に押印してしまう人も多いようです。そして2回目の相続で「今回は損をしたくない」という気持ちがはたらいて身がまえ、弁護士が登場して戦いが繰り広げられます。

そんなケースに直面するたび、「もし、10年前に相続の準備を整えていたら」と残念に思います。

超高齢社会に突入した日本では、後期高齢者の数も増加し、認知症の患者も増加しています。そして、認知症の症状が進行すると自分のお金を管理する能力が失われます。

民法第3条の2「意思能力」には、「法律行為の当事者が意思表示をした時に意思能力を有しなかったときは、その法律行為は、無効とする」と記されています。この場合の「意思能力」とは、**自分の行為の結果を判断する能力**のことです。一般的に、7～10歳より下の幼児、泥酔者、中度・重度の認知症の患者などが該当します。

つまり、認知症で意思能力がないと判断された時点で、何も準備をしていなければ、自分の意思で財産や資産を使えなくなる可能性があるというわけです。

具体的には以下のことができなくなります。

- ■**現金を銀行口座から引き出せなくなる**（**定期預金の解約も不可**）
- ■**不動産の売買や賃貸ができない**
- ■**有価証券の取引ができない**
- ■**生命保険に加入できない**（**解約もできない**）
- ■**遺言書の作成や贈与の手続きができない……など**

70

60

問題になるのは「資産をコントロールできなくなる可能性が高い」という点です。

がんになっても、手術をすれば回復する可能性があります。以前よりも医療が進化したこともあり、「がん＝不治の病」と考えなければならないケースは減っています。

しかし、認知症の場合は、進行を遅くすることはできても、（今のところ）完治を望むことはできません。そのため、「亡くなった時点」ではなく**「認知症になった時点」**を起点とする相続対策が必要になるのです。


そもそも、相続対策のリスクの源はどこにあるのでしょうか。

私が相続の現場で目にしたことから判断すれば、その源は**「認知症」と「お金」**にあります。

親が認知症にならなければ、家族にかかる介護の負担を大幅に軽減できます。資産の凍結を心配する必要もありません。

また、親の介護のために決断する**介護離職**、介護の負担による**介護うつ**、介護の問題で夫婦間に亀裂が生じる**熟年離婚**、介護のためにお金がなくなる**老後破産**など、さまざまな問題が発生する可能性が下がります。

さまざまな問題が「認知症」と「お金」につながっているのです。

残念ながら国の対策にも不安が残ります。

その代表が成年後見制度です。これは、家庭裁判所によって選任された法定後見人（司法書士や弁護士など）が、認知症などで判断能力を失った人の財産を保護するための制度です。法定後見人の役割は本人の財産を適切に管理すること。家族の意見を聞く必要がないため、当然、相続対策などの相談には乗ってくれません。また、一度この制度を利用すると、途中でやめることができない点も不安です。

ではどうすればいいのか。もう一つの新しい選択肢が**「家族信託」**です。

この家族信託とは、「親名義の資産について管理方法を指定して子どもに託すこと」を指す言葉です。親が認知症で意思能力を失ったとき、財産を託された家族が財産（現預金・不動産・金融資産など）の管理・運用・売買などを代行できます。

父と息子の場合で考えてみましょう。

図で説明すると次のようになります（122ページ）。

家族信託では、財産を持っている人が**受益者**（主役）になります。そして、この受益者の財産を管理する人を**受託者**と呼びます。

私は、父（78歳）が認知症になっても、自宅を売却して介護費用に充てられるようにすることを目的に、5年ほど前に家族信託を締結しました。

家族信託の基本設計

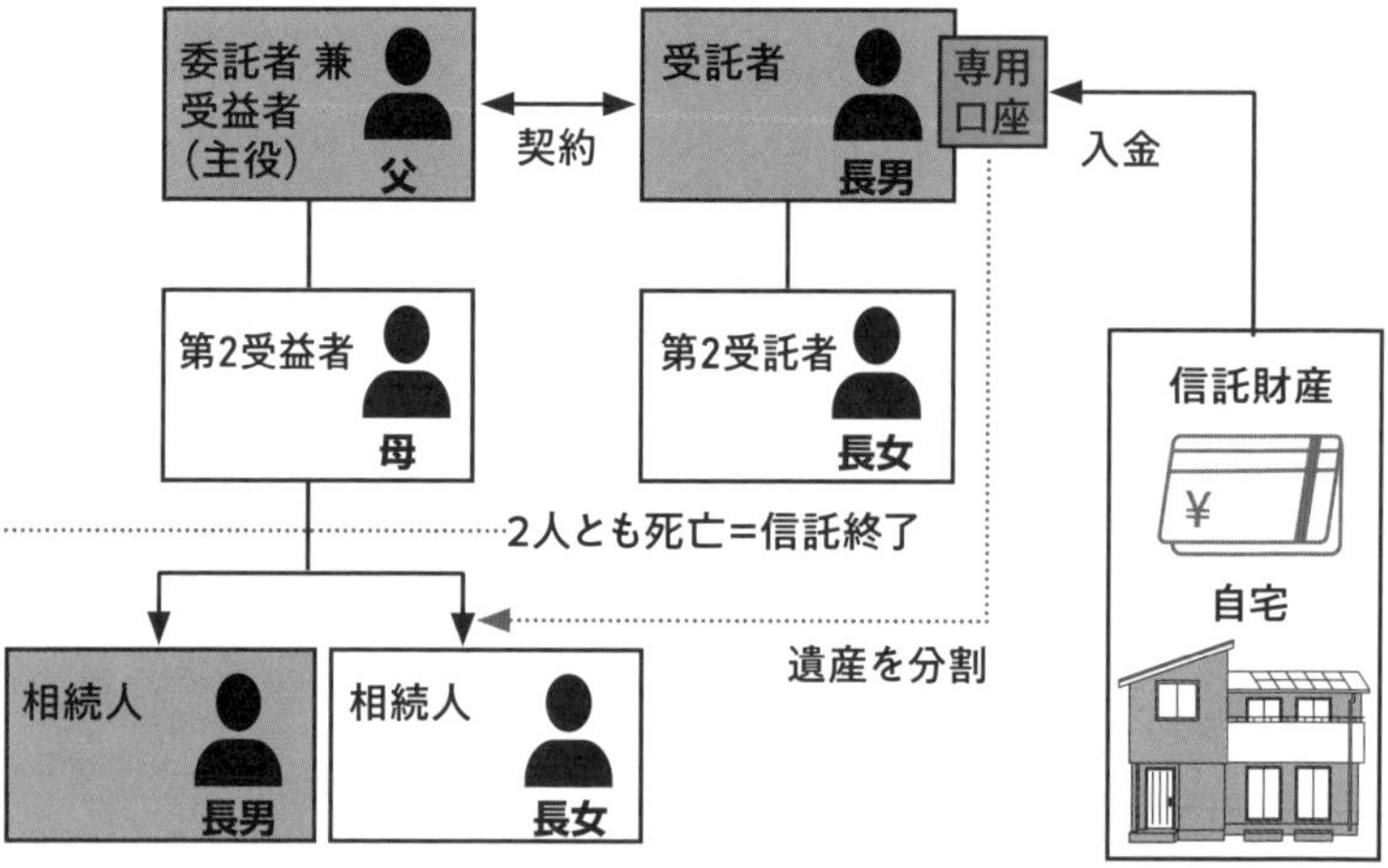

家族信託は**オーダーメイド**が特徴です。

たとえば、**一つの契約で父と母二人分の認知症対策が可能**です。父が亡くなったあと、信託を継続して母に財産を承継できます。

一般的に、財産を承継した時点で母が認知症になっていれば、財産は凍結されてしまいますが、信託を継続していれば、受託者（図では長男）がそのまま母の財産管理を継続できるのです。受託者は、母のために自宅を売却して、生活費や介護費、医療費などに振り分けることができます。

もし、両親がともに亡くなれば、財産を管理する必要がなくなるので、信託は終了します。残った財産は、あらかじめ契約に定めた通り、相続人（長男・長女）で分配します。

家族信託を選択すれば、**認知症対策と遺言**（遺産の分配）をセットで実行できます。

両親が元気なうちに準備を整えておけば、家族にとって**シンプルで合理的な相続対策**ができるのが家族信託の特長です。

また、遺産相続の際、もめごとになりやすい共有不動産の問題も事前に解決できます。不動産を共有相続した場合、共有者全員の合意がないと売買も賃貸もできなくなりますが、管理・処分の権限をひとりに集約させることで、**不動産の「塩漬け」を回避**できます。

認知症の発症と死亡時期にはタイムラグがあります（私の叔母も発症してから15年で亡くなりました）。不動産の売却が遅れれば、価値が半減したり、売れなくなってしまったりします。（施設に入所して）本人が住んでいない場合も、固定資産税や管理費がかかるため、資産は目減りします。そんなときにも、家族信託の受託者なら、**資産価値がある間に処分できます。**

この家族信託という制度は、日本ではまだ広く認知されていませんが、欧米諸国ではごく当たり前に使われている制度です。十字軍の遠征のときに、イギリスに残された家族のために、戦士たちが友人に財産を託して管理してもらったことが発祥とされています。

50代以降、われわれの身辺には「認知症」と「お金」に関するさまざまな問題が発生します。家族信託が、その諸問題に立ち向かうための強力な武器になってくれることは、間違いありません。

60

70

分岐点

24

夫婦仲がよくないので熟年離婚を考えるべき？

厚生労働省の統計によると、日本の離婚件数は２００２年の約29万組をピークに年々減少傾向にあり、２０２０年には約19万組まで減っています（１２５ページ）。ただし、その間、婚姻数も一定の割合で低下しているため、大きな変化はないと考えるのが妥当です。「熟年離婚」「コロナ離婚」などの言葉に惑わされないようにしましょう。

「熟年離婚」という言葉は、50歳以上のカップルに使われることが多く、長年積み重なった相手への不満が原因とされています。

いざ離婚するとなれば、財産分与、年金分割、慰謝料など、手続きが必要なことはいくつかありますが、まず、**本当に離婚すべき状態なのかどうか**を考えてください。夫婦のことは夫婦にしか分かりませんが、一方的にあなたが「仲がよくない」と断定している可能性があります。お互いに忙しく、話をする時間がないだけなのかもしれません。あわただしい日々の雑事に追われ、一時的に心が離れているだけなのかもしれません。

離婚件数の年次推移 1950～2020年

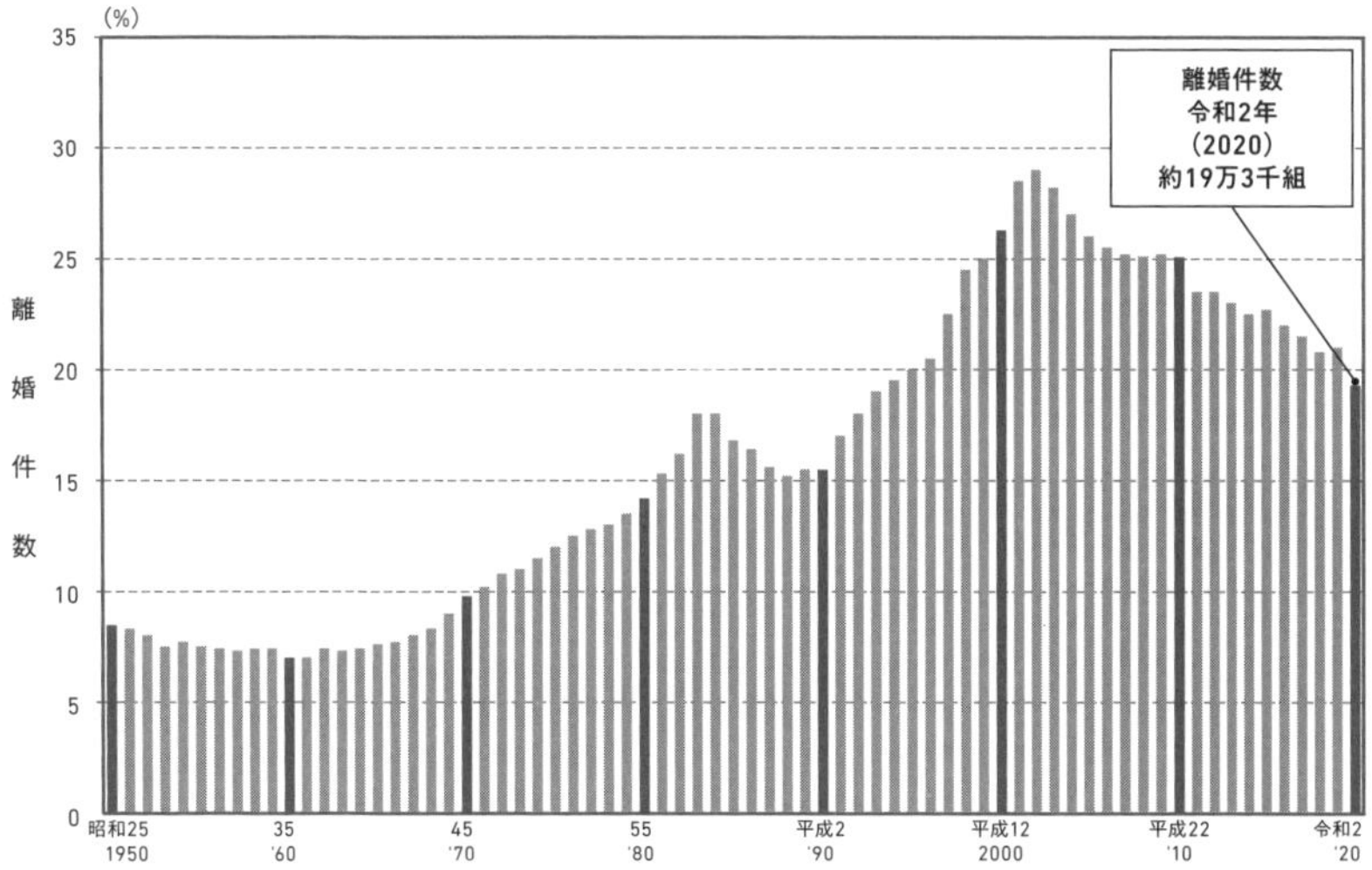

厚生労働省　令和４年度「離婚に関する統計」の概況

あなたは、どうしたいのでしょうか。

もし、決定的な要因がないのであれば、あなたから先に行動を起こしてみてください。自分の行動はコントロールできますが、相手の行動はコントロールできないからです。

夫婦の会話が少ないから心が離れているとはかぎりません。

お互いにすれ違いの生活でも、LINEなどのSNSを使って、感謝の気持ちを伝えることはできます。

部屋の掃除・片づけをする、面倒な手続きを代行する、相手のご両親のためにできることを手伝うなど、相手が喜ぶであろうことを想像して、先回りをして実行してみるのです。

会話だけがコミュニケーションの手段ではありません。

まずは「自分ができることは何か」「相手に喜んでもらえることは何か」を考えてみましょう。ここでも「横の関係」が活きてきます。

行動を起こしても喜んでもらえるとはかぎりませんが、相手の反応に期待するからギャップが生まれるのです。**自己満足でもいいのです。**

半歩でも先に進むために、自分の課題に取り組む勇気を持ち、変化を起こすことが必要です。相手ではなく、まずは自分に変化を起こすのです。実際に他人が変化するかどうかは関係がないのです。

もし、今の状態が、「熟年離婚に向かって特急でまっしぐら」であれば、あなたの行動が、特急から急行、急行から各駅停車に**スピードダウン**させるきっかけになるでしょう。

「相手におもねっている」と考える必要はありません。「プライドが許さない」と拒絶するのもやめましょう。

あなたがあなたのパートナーを「個人」として尊重しているのであれば、自分から行動を起こすことをためらう必要はありません。

夫婦の関係を改善するためには、時間がかかります。

しかし、「時間がかかる」ではなく、夫婦だからこそ**たっぷり時間をかけることできる**と考えてみましょう。お互いがこの世からさよならをするまで、まだまだ時間はあります。

離婚後の孤独な生活があなたの死期を早めるかもしれません。お互い助け合う、支え合うことが大切です。新しい時代のあり方を意識して、目の前の一日を大事にするしかありません。他人と比べる必要もありません。幸せそうに見える夫婦でも幸せとはかぎりません。ふだん会話がなくても、趣味が一緒ではなくても、休みの日に一緒に出かけなくても、いざというときに助け合うことができれば、それでいいのではないでしょうか。

完璧な個人が存在しないように、完璧な夫婦関係は存在しません。「出会ったときのような関係を取り戻す」と考えるから苦しくなるのです。50代には50代に、60代には60代に、70代には70代にふさわしい新しい夫婦関係があってもよいと思います。

夫婦で出した結論が「離婚」であれば、それはそれで仕方がありませんが、その前にやるべきことがたくさんあるのではないでしょうか。

分岐点

25

相続した空き家をいつ売却するべきか？

適正に管理されていない空き家の増加は、治安の悪化、景観の阻害、公衆衛生上の問題などを抱えています。建物が倒壊したり破損したりすれば、周辺エリア全体の資産価値にも悪い影響をおよぼします。だれも住んでいない家は、想像しているよりもずっと早く老朽化するので、相続を受けた本人ができるだけ早く結論を出す必要があります。

譲り受けた家に住む予定がない場合は、一日でも早く**売却活動**を始めてください。特に地方の不動産は時間がかかります。想像以上にかかります。

1年では売れないかもしれません。5年かけても売れないかもしれません。

同じ地方でも、日本全国、それぞれの土地でニーズは異なります。たとえば、滋賀県の中でも京都市に近い地域は利便性が高く、人口が増えています。思い込みだけで判断するのは危険なので、まずは不動産の相場価格を調べてみることが大切です。

土地だけであれば、一般公開されている公示地価や基準地価を見ればおよその見当がつきます。

地方であれば、地元の不動産会社に査定額の相場を調べてもらうのが一番です。一度足を運んで、不動産会社を回ってみることをおすすめします。対面で話をすることで、売却の難易度がつかめるはずです。ご近所の方がよい買手になってくれる場合もあります。地方の物件は、**現場に答えがあることが多い**ので、できるだけ早くその土地を訪ねてみることをおすすめします。

ちなみに、私の父はもともと米農家でした。田や畑などの農地を売却する場合は、農業委員会の許可を得たあと、地目（土地の用途）を宅地に変更しておく必要があることも覚えておきましょう。

また、思いもよらぬ値がつくと、「もう少しねばってみるか」という気になりますが、遅くなれば遅くなるほど売却が難くなることを頭の片隅に置いておいてください。

売却したお金を「老後の資金」にするのもよいアイデアですが、個人的には、海外旅行をおすすめします。思い出の家を売却したお金で新たな思い出をつくるのです。世界遺産マチュピチュからガラパゴス諸島に移動して、ウミイグアナを見るツアーなんて、どうでしょうか。

70 60

分岐点

26

友達と疎遠に！ 孤独な老後になりそう

30代、40代は仕事に追われる日々です。以前は、上司との交流、友人との飲み会など、それなりに出かける機会があった人も、コロナ禍の影響で友達と疎遠になった人が増えているのではないでしょうか。もともと「50代は友達と疎遠になる時期」といわれています。老後の生活を考え、「今のうちに人間関係を取り戻したほうがよいかも」と悩んでいる人も多いようです。

あなたの周辺に「友達」と呼べる人が少なくなったとしても、それは自然の成り行きではないでしょうか。

50代に突入すれば、職場の環境、家庭の事情、生活スタイルなどがそれぞれ異なるため、学生時代の友達と同じように共感できる相手がどんどん減っていきます。個人の価値観の違いもはっきりと分かるようになってきます。

職場に目を向けても、以前のような濃密な人間関係を共有する機会も減っているため、新たに友達を探すのは難しくなっていることでしょう。

もし、あなたが結婚していなければ、「このまま孤独な老後を迎えてしまうかもしれない」と不安な気持ちになるかもしれません。それも分かりますが、無理に人づきあいを続けても長続きはしません。気の進まない飲み会にはつき合わなくてもよいのです。そもそも、友達を探す必要がないのではないでしょうか。

50代のあなたに必要なのは、**友達ではなく仲間です。**

まず、「自分にとって夢中になれることとは何か」を考えてください。趣味でも習い事でも勉強でも、もちろん仕事でもかまいません。年齢に関係なく、本当にやりたいことをやればいいと思います。

その中で、自然に同じ志を持つ仲間が現れるのを待てばいいだけです。行動の目的が同じなら、価値観が違っても仲間になれます。仲間として接していれば、そこから自然に親愛の情も生まれてくるでしょう。

「友達ではなく仲間をつくればいい」と考えれば、気が楽になりませんか。

もし、何も夢中になるものが見つからなければ、ひとりで旅に出てみましょう。

あなたの**琴線にふれるもの**を探すために、旅行を計画するのです。旅行を計画して実行する。行動するだけであなたの中にある何かが変化するはずです。

60

70

分岐点

27

よく眠れない！ 疲れがとれません

20歳を過ぎると体力は少しずつ低下していきますが、筋肉量は40代までは維持されるといわれています。個人差はありますが、50代以降、体力は筋肉量とともに急激に低下します。加齢による体力の低下は避けられませんが、それでも何も準備しない人と何か準備した人ではのちのち大きな差が出ます。現在の体力をできるだけ長く維持するために、50代以降は「睡眠の質」にこだわる生活を送るようにしてみましょう。

脱定年時代では、長時間続くハードな仕事を想定していません。マイペースで長く働くことが前提です。

そのためにも、質の高い睡眠を求めることが何よりも大切です。睡眠の質を下げるということは、自分の仕事の質を下げることと同じだからです。具体的には、8時間の睡眠が確保されているかどうかです。

老後問題解決コンサルタントとして活動している私は、ご高齢の方と面談させていただく際に「過去の睡眠時間」を聞いています。規則正しく睡眠時間を確保していた方は総じて健康です。一方、睡眠時間を削ってハードな仕事をこなしていた方は必ずしもそうとはいえません。医学的な見地から断言はできませんが、睡眠不足が認知症のリスクを高めるという研究結果も出ています。

私は5年ほど前から、自分の**睡眠の質を上げること**を意識しています。質の高い睡眠は、日中に脳内に溜まった大量の情報を整理して掃除をしてくれます。脳に、その役割をしっかり果たしてもらうために、現在は**「夜9時に就寝して朝5時に起きる」**という生活習慣を実践しています。

人間は原始時代から、落日とともに眠りにつき、日が昇るとともに目覚めていました。その自然の摂理に逆らう理由があるでしょうか。「自分は夜型」と言い訳をするのは簡単ですが、一度、ぜひ試してみてください。朝型に変えたらもう夜型には戻れません。

質の高い睡眠を維持しやすい朝型の生活は、あなたの健康を守るだけではなく、認知症の予防にも役立ちます。お金はかかりません。自宅ですぐに実行できます。朝型の生活に切り替えて睡眠の質を上げるだけで、今後、何十年も健康が約束されるのです。「いつかではなく、今日から」が私の信念です。

70 60

 おすすめの1冊:『Sleep, Sleep, Sleep』(著:クリスティアン・ベネディクト、ミンナ・トゥーンベリエル/サンマーク出版)

分岐点

28

ＩＴの知識が不足しているのが不安！

最近はほとんどの業種でパソコンを使うことが当たり前になっています。パソコンや基本的なアプリケーションの操作など、最低限のＩＴリテラシーは必須ですが、その先の知識は人によって大きく異なります。パソコンのスキルが低い人は漠然とした不安を抱えており、「簡単なソースコードくらい書けたほうがよいのでは？」と考えがちです。同時に「今さら学んでもムダなのでは？」と考えて悩んでいます。

ムダなことは一つもありません。

パソコンが苦手な50代は勉強してはいけないのでしょうか。

そんなことはありません！

ただし、プログラムを勉強することが、あなたの後半の人生にとって**本当に必要なこと**でしょうか。

私もスタートアップに就職したとき、「プログラミングを少し勉強してみよう」と思い

50　40

立ち、これまでの人生では素通りしていた書店のプログラミングコーナーを行き来したことがあります。ぱらっとページをめくって、すぐに「独学は無理だ」と理解しました。

現在はチャットGPTのおかげで、簡単なソースコードを書く手間が省けるようになりました。私がこれから何年かかけて学んで得るプログラミング技術は、すでにチャットGPTが代行しているものでしょう。

エンジニアではない自分に必要なのは、プログラミングを書く能力ではないことに改めて気づきました。私がすでに持っている知見をエンジニアに伝えることができれば、自分でソースコードを書く必要はないのです。

エンジニアが接客の現場から問題を拾い上げることができなくても問題がないように、私がコードを書けなくても問題はないのです。

目指すべきは、自分で**自分に合った価値**を見つけていくこと。そこにプログラミングの知識が必要かどうかは冷静に判断してください。自分の目的、方向性、何と何を掛け算して付加価値を生み出すのか、などと突き詰めて考えてみましょう。

そのうえで自分のために有益だと判断したら、一所懸命に勉強してください。年齢は関係ありません。

分岐点

29

趣味がないので心配！　無理にでもつくる？

高齢者には趣味が推奨されています。楽しめる趣味があれば、外出する機会が増え、新しい交友関係が芽生えるからです。趣味を通じて社会と関わることが、フレイル（虚弱）や認知症の予防につながるという側面もあります。すでに趣味がある人はリタイア後の生活が楽しみだと言いますが、趣味がない人は「老後に孤立してしまうかもしれない」と心配になります。趣味をつくる努力は必要でしょうか。

趣味がある人の老後が幸せであるとは限りません。

趣味がなくても充実した老後の生活は送れます。

自分のペースで規則正しい生活を送り、朝の散歩で四季のうつり変わりを肌で感じる。ときには、少し早く起きて5時に散歩してみる。または、電車に乗ってちょっと遠くまで出かけてみる。朝の時間だけでも楽しみの**バリエーションは無限**です。

健康であれば、趣味がなくても楽しく過ごせます。

「趣味をつくらなければ」と焦る必要はありません。興味は突然降って沸いてきます。

50　40

たとえば、私は、中1の息子が読んでいた小説家・原田マハ氏の本にはまって以来、今までまったく興味がなかった美術館巡りをするようになりました。その少し前は、御朱印帳を購入して神社巡りに出かけていました。自由気ままに休日を過ごすだけで、とても楽しい時間を過ごせます。

ですから、決まった趣味がなくても心配する必要はないと思います。

いつだって主役は自分です。趣味になるかどうかは、小さな実験を繰り返して試してみればいいのです。

興味の対象は年齢や環境によっても変化します。

以前はまったく興味がなかったことに、突然目覚めることもあります。

自分が好きなことや楽しいことを他人が決めることはできません。自分で動いて、感じて、試してみるしかありません。

私は**「やってみたいけれどもまだやっていないこと」**をたくさん貯め込んでいます。ですから、リタイア後の時間を楽しみにしています。

何歳から始めてもかまわないのが趣味です。「これは!」と思えるものが見つかるまでは、**「趣味がないことが趣味」**でよいのではないでしょうか。

60

70

読書コラム 2

「具体と抽象」の思考を手に入れる

以前、出版塾に通っていたことがありました。そのとき某ベストセラー編集者に紹介された本が『具体と抽象 ── 世界が変わって見える知性のしくみ』（著：細谷 功／dZERO）です。書店では手に取りそうもないタイトルですが、その編集者は本にみっちりと赤字を入れて熟読。私も熟読したところ、考え方が激変しました。

本書のテーマである「脱・定年時代」も抽象的な表現。一方「定年制」は具体的な表現です。人と話すとき、抽象化しすぎるとわかりづらくなりますが、具体的な表現ばかりでも冗長になります。

抽象とは上位概念です。「魚」は抽象的な表現ですが、もっと上位概念には「生き物」があります。そして「魚」の下位には具体的な表現として「サバ」があります。

このように、抽象と具体を行き来して、価値を上げていきます。

この本をきっかけに細谷さんの著者は、ほぼ読破しました。『自己矛盾劇場 ──「知ってる・見えてる・正しいつもりを考察する」』（dZERO）、『アナロジー思考』（東洋経済新報社）、『無理の構造 この世の理不尽さを可視化する』（dZERO）などです。

自己矛盾もこれからの人生には必要な思考です。自分は「自分がよくわかっていないこと」がわかります。無知の知。知らないということを知っている。『自己矛盾劇場～』で自己矛盾をしていることに気づく大切さを学びました。

間違っても自己矛盾している妻に「それは〇〇だ」とアドバイスしてはいけません。ここは『妻のトリセツ』（著：黒川 伊保子／講談社）で学んでいます。黒川氏の著書も、具体と抽象の往復が激しい。だから読みやすい。だから読書中にうなずきが多くなります。

人に何かを伝えるときは「具体と抽象」を意識してみてください。

第3章

60代は
トラブルを回避して
自分らしく生きる

60代から再スタートを切ってもまだまだ間に合う

40代、50代でシフトチェンジを行ってこなかった人も、あきらめる必要はありません。残り時間は限られていますが、「今すぐできること」や「10年後にもやり続けたいこと」に目を向け、70歳以降のシニアライフを充実させる準備を進めてください。

定年が目前に迫っている場合は、アルバイトも視野に入れて再就職先を探してみましょう。あなたが予想していた展開ではなくても、大丈夫です。「自分に合っているかどうか」はさておき、今できることにチャレンジしてみましょう。

60代の仕事を考える場合、最も重要なのは、**気持ちを切らさない**ことです。特に、金銭的に余裕がある場合、「ひとまず休んでから、また検討してみるか」と考えてしまいがちですが、一度リタイアしたら、再び気持ちを奮い立たせるのは大変です。「70歳以降も仕事を続けたい」と考えるのであれば、空白の期間をつくらないことをおすすめします。

生活面では**資産を見直してみる**ことが大切です。

「退職金が入ったから、なんとかなるだろう」と資産を見積もらず、70代に突入するのは危険です。長生きすれば長生きするほど老後の資金が枯渇する心配が増すという状態から脱出しましょう。

老後の資金が足りなければ、資産を売却するという選択もあります。生活をダウンサイジングしておくことも有効です。

また、加齢により、あなた自身や配偶者が病気になるリスクが高まります。親の認知症や介護の問題がのしかかってくるかもしれません。

しかし、起こってしまったことを悔やんでも仕方がありません。

悩んだり自暴自棄になったりしても問題は解決しないので、力を振りしぼって目の前の問題に立ち向かってください。

病気、ケガ、認知症の問題は、ひとりで抱え込まないことが大切です。何もかも背負い込まず、（家族や肉親に限定せず）協力してもらえる人に助けてもらいましょう。

孤立しないことが大切なテーマになります。

あなたが結婚していても結婚していなくても、60代以降は交際範囲が狭まります。仕事をリタイアすれば、ますます人づきあいは少なくなってきます。そのため、60歳以降は

分岐点

30

リモートで仕事を続けながら移住する?

リタイア後に「田舎暮らし」をスタートさせるシニアの移住は、これまで、定年退職がきっかけでした。しかし、脱・定年時代の歩き方をすれば、リタイアの時期を自分で選べるようになるため、移住とリタイアを切り離して考えることができます。ここでは、60代に仕事を継続しながら移住するときの注意点について、くわしく解説します。

新型コロナ感染症の影響でリモートワーク（テレワーク）の習慣がいっきに広まりました。この時期、ビデオ会議も普及したため、接客、医療、介護、運輸など、リモートワークに向いていない職業はありますが、大部分の仕事は、出勤せずにこなせることが分かったのです。

もし、あなたのスモールビジネスが実を結んで、会社に所属しなくてもよい立場になっていれば、自分の好きなタイミングで移住できます。現在、会社に所属している場合も、自分が独立をするタイミングで移住を選択すればいいのです。

リモートワークが普及したおかげで、**リタイアせずに移住する**という選択が可能になったからです。

ひと昔前の移住は、定年退職後の選択肢でした。仕事をやめたあと、退職金を元手に都心部から地方都市に移り住み、自然に囲まれた環境でセカンドライフを送るというものでした。

しかし、脱・定年時代の今なら、自分のタイミングで仕事を継続しながら移住を選択できます。「移住＝リタイア」ではなく、**「移住＝働く環境を変える」**と考えるのです。

物価が安い地方に移住すれば生活コストを抑えられるというメリットもあります。

70 60

ただし、移住先は慎重に選びましょう。

もし、70代以降もその土地で暮らすことを前提としているなら、1年以上かけてしっかりリサーチしたほうがいいでしょう。

おもな選択の条件は以下の通りです。

①公共交通機関が充実している
②医療機関が近くにあり、医療・福祉制度が整っている
③図書館、交共施設、スポーツ施設などが充実している
④仕事の拠点となる都心部まで、片道2時間以内に行ける

①から③は、一般的なシニアの移住でも欠かせない要素ですが、④は仕事を継続するうえで大切なポイントです。職種にもよりますが、ビデオ会議は万能ではありません。仕事を続けていくなら、対面で話をしたり打ち合わせをしたりすることが必要になるため、**都心部に出かける**ことも想定しておいたほうがよいでしょう。

もし、あなたが東京23区の在住者、または東京圏（東京都、埼玉県、千葉県、神奈川県）から東京23区へ通勤している人なら、移住先の市町村から移住支援金（最大１００万円）

を受給できる可能性があります。

また、シニアの移住を積極的に受け入れている地方都市では、移住支援金の他に、さまざまなサポートを行っています。

たとえば、自治体が提供する**「移住体験住宅」**を利用すれば、低コストで実際にその町で暮らしてみることができます（自治体によって1日単位の契約もあり）。

現地の不動産を探す場合は、自治体が提供する**「空き家バンク」**を利用することも検討してみましょう。自治体によって異なりますが、補助金、助成金、仲介手数料の免除などの特典がつく場合があります。

私の場合、北海道のニセコに移住したのは28歳のときでした。結果的に東京に戻ってくることになりましたが、60歳になれば、また移住先を探すかもしれません（今のところ未定ですが、暖かいところかも）。

都心部には都心部のよさがあります。地方には地方のよさがあります。「どちらがよい」という話ではありません。もし、あなたが脱・定年時代の歩き方を実践していれば、どちらでも選べるようになるという話です。

70歳を超えると体力が衰え、住環境を大きく変えることが負担になります。移住を考えるなら、60代の今が最後のチャンスです。

60 70

分岐点

31

迫られる勇退の決断～何歳まで働くか

2021年に改正高年齢者雇用安定法が施行され、それまで義務づけられていた「65歳までの雇用確保」に加え、「70歳までの就業機会確保」が努力義務となりました。65歳以上の会社員の選択肢は広がりつつあります。自営業またはひとり企業の社長であれば、「いつまで働くか」は個人の判断にゆだねられています。何を基準に勇退を決断すればよいのでしょうか。

内閣府の令和4年版高齢社会白書によると、現在収入のある仕事をしている60歳以上の約4割が「働けるうちはいつまでも」と回答しています。70歳くらいまで、もしくはそれ以上の回答と合計すれば、約9割が高い就業意欲を持っていることがわかります（147ページ）。

「働けるまで働きたい」という意思が明確にある人であれば、それを否定する必要はありません。自営業の場合、働くことが生きがいになっていることも多く、それこそ「体力が許すかぎり」が正解でしょう。

あなたは、何歳ごろまで、収入を伴う仕事をしたいですか

調査対象:全国の60歳以上の男女

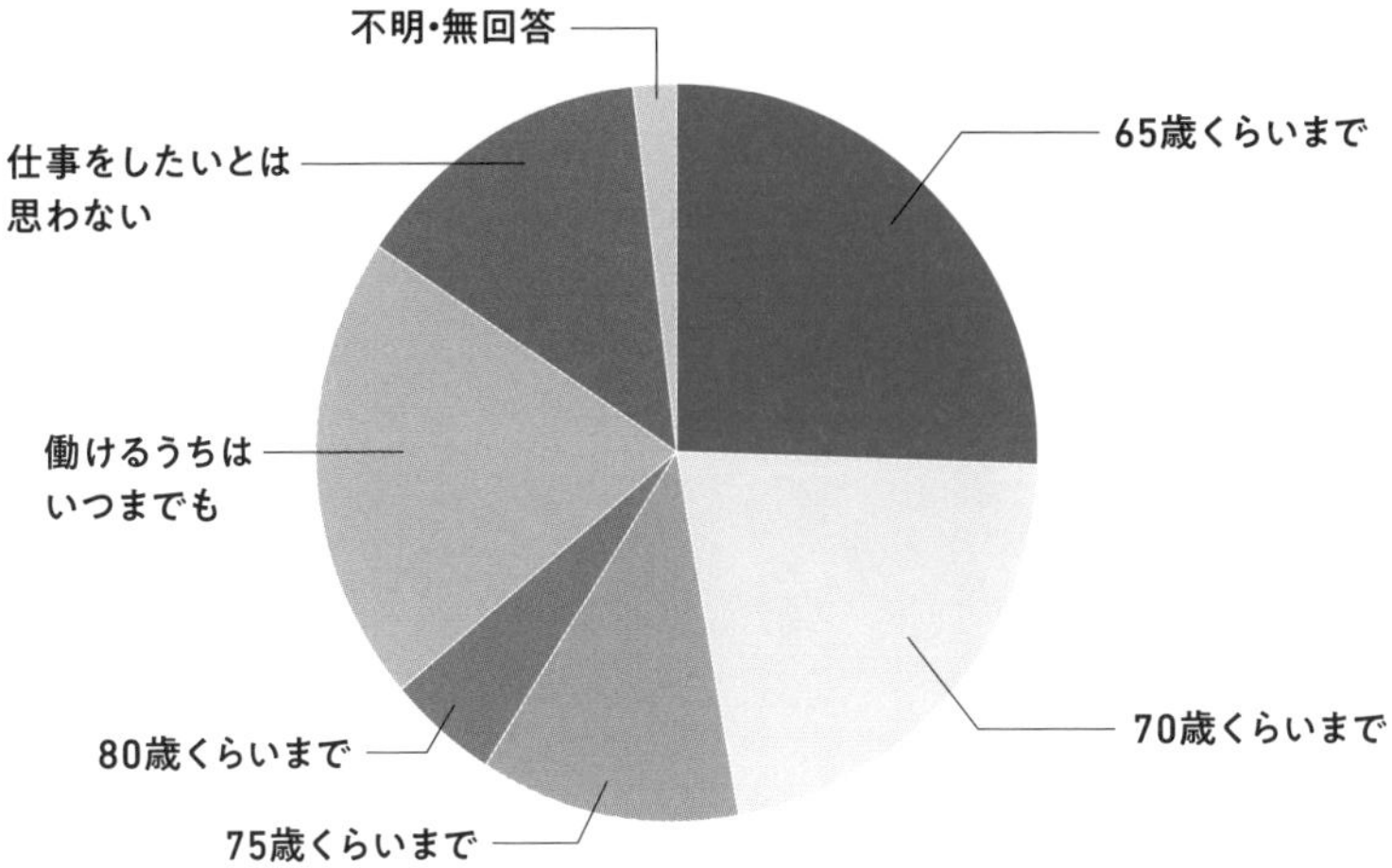

内閣府 令和４年版高齢社会白書

上図のように、70歳、75歳、80歳を勇退のタイミングととらえている人は、全体の4割程度です。「働けるうちはいつまでも」を加えると約6割になるため、全体的に「勤労意欲は高い」といえるでしょう。

ただし、意欲と実状は必ずしも一致しません。

「人生100年時代」といわれますが、医療・介護に依存しないで自立した生活ができる期限（健康寿命）は、男性の場合は73歳前後、女性の場合は76歳前後です。

本人に働く意思があり、働く環境が整っていたとしても、健康を害してしまえば仕事を続けることが難しくなってしまいます。そう考えると、健康であることがいかに大切かがわかります。

一方で「勇退という選択肢はあるが決断ができない人」もいます。

リタイア後の生活に対して明確なビジョンを持てないので、「とりあえず行けるところまで行ってみるか」と考えている人です。

それが悪いわけではありません。

しかし、65歳以上になったら、一度、70歳以降の暮らしを想像してみましょう。

現実的には、病気やケガ、介護の問題などで働きたくても働けない状況に追い込まれるかもしれません。それでも、今のうちに**自分のリタイア後の生活**をイメージすることに意味はあります。

イメージすることが、自分の価値観を見直すことにつながるからです。

たとえば、以下のような生活です。

- **■家族と一緒に落ち着いた時間を過ごして楽しむ**
- **■自分の趣味のために時間とお金を使う**
- **■好きなものをいろいろ食べるために生きる**
- **■行きたかった場所を旅行で訪ねる（国内・国外）**
- **■社会に貢献する（奉仕・教育・環境問題ほか）**
- **■家族（配偶者・子ども・孫）をサポートするために生きる**

50　40

■ **商売やスモールビジネスを通じて新しい人間関係を築く**

この中に、自分のイメージに近いものはあるでしょうか。

もし、自分のリタイア後のイメージに、「働くこと」が含まれているのであれば、仕事を続ければいいわけです。もちろん、老後の資金を稼ぎながら好きなことをやるという選択でもかまいません。

漠然とした夢は夢のままですが、このようにリタイア後の生活を**言語化して解像度を上げておけば、**実現する可能性が高まります。

途中で軌道修正してもかまいません。

「はじめは○○しようと思っていたけれど、結果的に××をやっている」という人生も楽しいものです。

何もかも思い通りにはならないのが世の常ですが、それでも、「○○をやりたい」と願うことに意味はあると思います。70歳以降も人生は続きます。第二の人生の入り口で、もう一度自分と向き合ってください。

分岐点

32

シニアのアルバイト事情は？

スモールビジネスだけで生活費を稼ぐのはまだ難しい、年金受給を繰下げたいなどの理由があるときは、アルバイトで資金を確保することを考えてみましょう。あくまでも「つなぎ資金」として考えるのであれば、あえて、今までやったことがないことにチャレンジしてみるのも「あり」です。新たな世界に飛び込むことで、視野が広がります。

「アルバイト＝若い人がやるもの」という固定観念がある人は、アルバイトを探すこと自体に抵抗を感じるかもしれません。しかし、シニアのアルバイトは当たり前になりつつあり、今後もますます増えていくでしょう。

年金の受給だけに頼るのは、脱・定年時代の歩き方ではありません。スモールビジネスや不労所得、アルバイトなど、さまざまな手段を組み合わせ、自立することを目指すのです。シニアのアルバイトは職種がかぎられますが、決して需要がないわけではありません。

健康で時間的に余裕があれば、選択肢のひとつとして検討してみましょう。

実際にアルバイトを選ぶときは、以下の点に留意してください。

①現役時代のプライドを捨てる（「横の関係」を常に意識）

過去に大手企業に勤務していたり役職についていたりしたシニアにとって、プライドを捨てるのは難しいことかもしれません。何十歳も年下の社員に命令されることに耐えられない人もいます。「過去の職歴は関係ない」と割り切りましょう。

②待遇面で過度の期待をしない（基本的なスタンスは〝楽しむ〟）

待遇のよいアルバイトは限られるため、「つなぎ資金を確保するだけなので、そこそこでかまわない」と考えましょう。

③確定申告を忘れない

年金の受給を開始した場合、年金以外の所得金額の合計額が年間20万円を超えると、確定申告が必要になります。申告を忘れた場合、延滞税などのペナルティが課せられる可能性があります。

70 60

60代　お金と生活戦略

分岐点

33

65歳までに財産を「見える化」する

「棚卸し」は本来、企業が利益を計算するときに行う経理上の手続きのことですが、ここでは、個人が老後生活のために自分の収入と支出を見直すことを「棚卸し」と呼びます。超高齢社会に突入した現在の日本で、老後のために資金をやりくりすることは必須です。安心してリタイア後の生活を楽しむためにも、65歳前後で見通しを立てておくことをおすすめします。

50　40

何歳まで働くにしても、70代に突入すれば、収入は減少（または横ばい）の状態になります。定期的な収入が年金のみになる家庭も増えるでしょう。

さらに、後期高齢者となる70代後半では、生活費のほかに医療費や介護費など余分にかかるお金が増えるため、資金に余裕があったほうが望ましいでしょう。

もし、子どもがいる場合は、7040問題や8050問題のリスクもありますし、離婚した子どもが実家に戻って、親頼みの生活を送ることで、家計が圧迫されるケースも考えられます。

起こってもいないことを心配しても仕方がありませんが、病気や事故などほかにも**さまざまなリスク**が存在するのは事実です。

あなたが超リッチな資産家ではないかぎり、今後もお金の心配の種は尽きることがありません。

だからこそ、今のうちに財産の棚卸しを済ませておくのです。

「お金の心配」からできるだけ自由でいられるように、ベースとなる現在地点の数値を知っておくことが大切です。

70 60

まず左ページのように大まかな図を描いてみましょう。

はじめに中央のスペースに資産を記入します。金融資産と実物資産に分けて整理し、金額も含めて記入します。

次に、左上に毎月の収入を書き入れます。収入源が3つあれば、金額とともに3つ記入してください。最後に、右下に毎月の支出を記入します。毎月の生活費と負債の返済額は分けて記入してください。

左上にある複数の川の水がダムに流れ込み、そこから下流の川に流れ出るというイメージです。当然ですが、収入よりも支出が上回れば、ダムの水は目減りしていきます。逆に、収入が上回れば、ダムの水は増えていきます。

このように、お金の流れを図にして**「見える化」**することで、現在の状況を直感的につかめるようになります。

65までにきちんと収支を計算しておくことで、具体的な対策を立てられるようになります。続けて働くにしてもリタイアするにしても、**生活の基盤となる数字**が明確であれば、判断の材料として利用できます。

お金に振り回されないように、お金の土台を確認しておきましょう。

資産を「見える化」するためのイメージ図

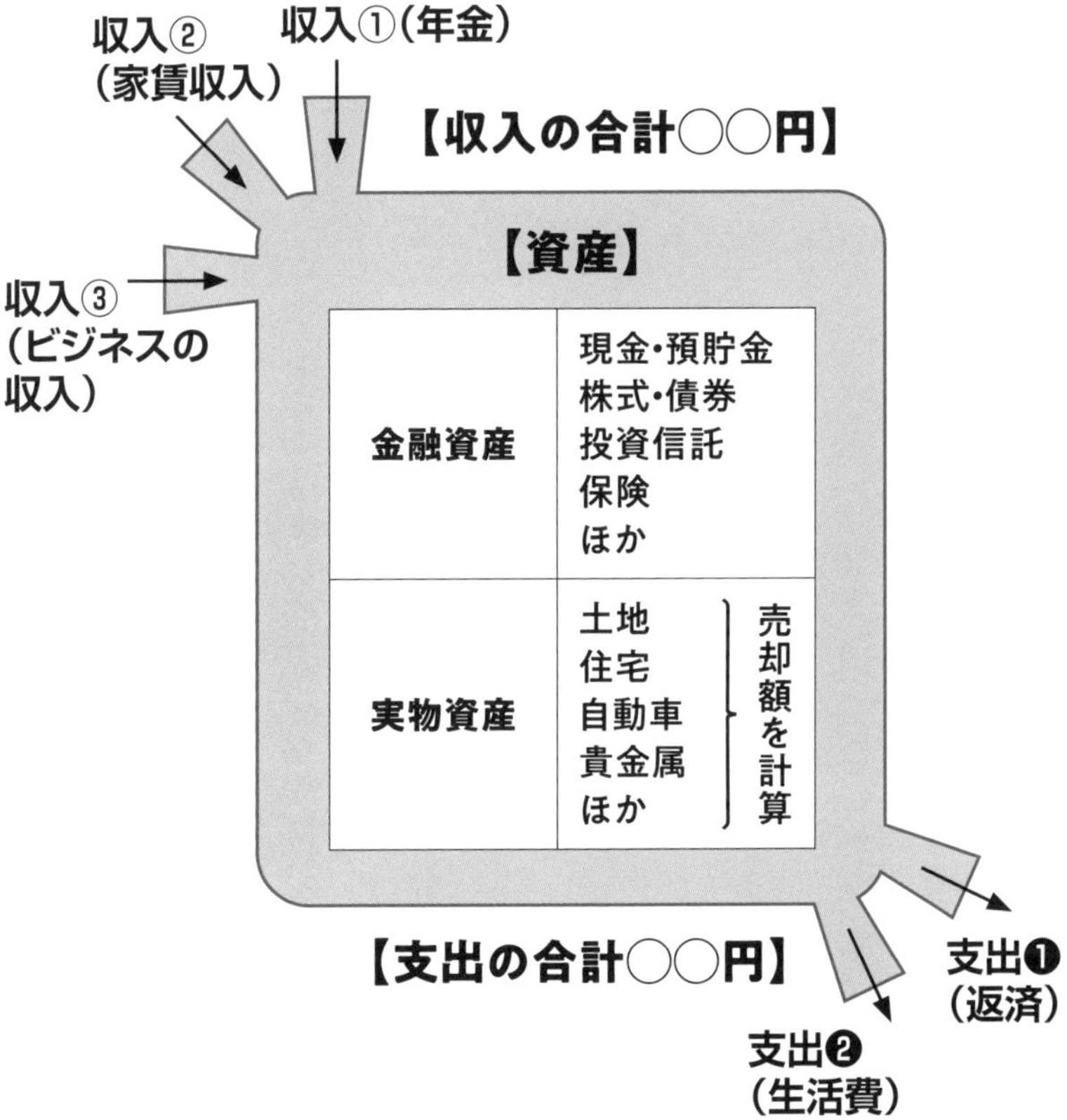

分岐点

34

退職金の運用、どうすれば安心できる？

退職金の運用とは、退職金を金融機関に預けたり株式を購入したりしながら資産として活用していくことです。「人生100年時代」の今、寿命は現在進行形で延びているため、公的年金のみで生活するのは困難といわれています。一般的に、公的年金でまかなえない額は退職金で補うことになりますが、その退職金の額も年々目減りしているのが実状です。老後の資金を確保するために、何をすべきなのでしょうか。

退職金を安全に運用できるかどうかは、自分次第です。後悔しないためにも、決して人任せにはしてはいけません。何も勉強せずに銀行の窓口に相談に行くのは、大きなリスクを伴います。

一般の銀行は、お金の預け入れをする預金業務、お金を貸す貸出業務、お金の送金・口座振替をする為替業務を担当しており、資金の運用とは無関係です。つまり、**資産運用のプロ**ではないのです。

50　40

もし、退職金をすべて定期預金や投資信託、外貨建ての保険に組み入れてしまうと、いざというときに**「手元に使えるお金がない」**という状態に陥ってしまう危険があります。

そもそも、退職金を増やす必要があるのでしょうか。

まとまった資金が手元に入ると、「この資金を元手にして……」と皮算用をしたくなりますが、投資関係の詐欺は、その心理に狙いを定めていることを忘れないでください。

残念ながら、100%確実で安全な投資は存在しません。

そこで、もし退職金が手元に入ったら、まずは負債を繰上げ返済することを検討してみましょう。住宅ローンの残債がある場合は、繰上げ返済をすることで、100%確実に利子が軽減されます。

不動産投資のために借入れをしている場合も同様です。

繰上げ返済をして負債をゼロにしておけば、**「家賃収入＝不労所得」**になります。

手元のお金を増やすのではなく、将来手に入れるお金を増やすのです。

脱・定年時代の歩き方では、老後の資金をたっぷり確保して悠々自適の生活を送ることを目標としているわけではありません。

70歳以降も自分らしく生きることのほうがずっと大切です。

自分らしく生きるためにお金は必要ですが、一攫千金を夢見てリスクの高い投資に手を出す必要はないのです。資産の「見える化」（152ページ）をしたあと、この点についてじっくり考えてください。

老後にお金の心配をしないことが最終的な目標ではありません。

その先の「生活の質（クオリティ・オブ・ライフ）」を上げるほうがより重要です。その観点に立てば、お金を増やすことよりも、**減らさないこと**を考えたほうがより現実的ではないでしょうか。

生活をコンパクトにして毎月の維持費を削減するのも一つの方法です。

軽い運動や食事の見直しを習慣にすることで、老後の医療費を最低限に抑えるという方法も考えられます。

具体的に考えてみましょう。

AさんとBさんでは、どちらが幸せでしょうか。

50　40

●資産運用で500万円を増やしたAさん

60歳になって投資に目覚め、猛勉強をしました。70歳までの10年間で退職金を元手に500万円ほど資産を増やしましたが、最近体調が悪く、医療費の支出が一気に増えています。

●スモールビジネスで300万円を貯蓄したBさん

資産運用には目もくれず、健康の維持とスモールビジネスの両立を目指したBさんは、生活費の削減にも目を向け、60歳から70歳までの10年間で300万円ほど貯金を増やしました。まだまだ働けるので、老後の心配がなくなりました。

60　70

もちろん、Bさんが突然、がんに罹患したり、認知症になったりすることもあるでしょう。病気やケガを完璧に回避する方法はありません。

それでも、お金を増やすことだけを考えて健康管理を怠ってしまったAさんよりも、自分らしく働いていたBさんのほうが**充実していた**ことは間違いありません。

どちらがよいかは自分で決めるしかありませんが、「お金だけあればいい」と考える人の人生は、本当に幸せでしょうか。

分岐点

35

月収47万円超で年金が減るって本当ですか？

厚生年金に加入している会社で働きながら年金を受け取る場合、給与と年金の合計額が月47万円以下なら問題はありませんが、47万円を超える場合は、一定額が支給停止となります。このカットされたぶんの年金は取り戻すことができません。定年退職後に再雇用や再就職で働く人は増えていますが、給与が高く設定されていても、手取り額が目減りしてしまう場合があることを覚えておきましょう。

「在職老齢年金がカットされ、永遠に戻ってこない」と聞くと、憤りを感じてしまう人もいるでしょう。しかし、国が定めたルールを個人ではコントロールできません。コントロールできないことを嘆いても仕方がないのです。

どうしても年金をカットされるのが納得できない場合は、**年金の繰下げ受給**（162ページ）を選択すればいいだけの話です。たとえば、70歳まで繰り下げてしまえば、この「47万円ルール」は適用されません。

しかも、繰下げにより、年金の受給額は最大84％（75歳まで繰下げた場合）も増額されます。

また、もし、あなたが60歳で定年退職してから再雇用で働く場合は、**高年齢雇用継続給付金**もチェックしておきましょう。

この高年齢雇用継続給付金は、再雇用によって60歳時点の給与（※上限48万6300円）の75％未満になった場合に一定額を受給できる制度です。

この給付金は非課税なので、所得税がかからない点がメリットですが、2025年度に60歳に達する人から給付水準が縮小される見込みです。

年金受給に関するルールは、繰上げ・繰下げに関する情報も含めて、知っておいたほうがよい情報であるのは確かですが、脱・定年時代の歩き方に照らし合わせれば、大きな問題ではありません。必要以上に一喜一憂する必要はないのです。

大切なのは、自分がリタイアしたくなるまで自分らしい方法で働き続けることです。「47万円以上稼いだことで年金が目減りした」と悔しがるよりも、「47万円以上稼げたこと」を喜ぶべきなのではないでしょうか。

70 60

※令和5年8月より変更。

分岐点

36

年金の繰下げ受給のタイミングは？

老齢基礎年金の受給開始年齢は75歳まで繰下げる（受給開始を遅らせる）ことが可能です。この繰下げによって毎月0・7％ずつ受給額を増やせるため、75歳まで待てば最大84％も受給額を増やせる計算になります。しかし、需給は本人が死亡するまでなので、繰下げれば繰下げるほど受給期間が短くなるため、判断は難しいといえます。

65歳で老齢基礎年金を受給する額を「100％」とした場合、70歳まで繰下げることで、受給額は「142％」になります。

さらに、75歳まで繰下げることで、受給額は「184％」になります。

ただし、あなたが90歳まで生きると仮定すると、70歳から受給をスタートしたほうが75歳からスタートしたよりも総支給額が高くなります。

つまり、75歳まで繰下げるのであれば、そのぶん長生きしなければ逆に受給総額が少なくなってしまいます。

50 40

残念ながら、何歳まで生きるかを正確に**予測することはできません**。そのため、一般的には65〜70歳の間で、本人の経済状態に合わせて選択するのがよいとされています。

私の**個人的なおすすめは「68歳」**です。

標準的な受給年齢である「65歳」よりも3年だけ繰下げることを目標にするのです。68歳になれば、受給額は「125％」まで増加します。

65歳から年金を受給すると、働く意欲が減退する可能性があります。「年金がもらえるから、仕事をがんばる必要はないな」と考えてしまいがちだからです。

実際に、65歳でリタイアして悠々自適の生活が送れるのであれば、それはそれで問題はありませんが、もし「もう少し働きたい」と考えるのであれば、「あと3年」と考え、少しだけねばってみましょう。

70歳以降も働くことを視野に入れ、緊張感をキープするのです。

スモールビジネスの芽を育てるのもいいでしょう。アルバイトにチャレンジするのもよい方法です。自分ができることの幅を広げ、68歳になったら、その時点でどうするかを決めればいいのです。

70 60

分岐点

37

妻ががんになった！ どうすればいい？

がんによる死亡数は男女とも増え続けていますが、これは人口の高齢化に伴うもので、死亡率そのものは低下の傾向にあります。がんに罹患する部位による違いはありますが、がん患者の生存率は全般的に上昇傾向にあり「がん＝不治の病」ではなくなっています。しかし、たとえ早期発見であったとしても、罹患したら、がんと闘う生活に突入することは避けられません。本人にも配偶者にも、それなりの覚悟が求められます。

人生の最期を想像してください。

そのとき、「もっとお金がほしかった」と振り返るのでしょうか。

それとも、家族と過ごした楽しい日々を思い出すのでしょうか。

もし後者を望むのであれば、これをきっかけに、「妻に対して何ができるか」を真剣に考えてください。病気を代わることはできませんが、最大限のサポートをすることはできます。

もし、配偶者ががんに罹患したら、まず**「一緒に全力で闘うこと」**を宣言してください。

50　40

現在は「がん＝不治の病」と考える必要はなくなりつつありますが、それでも早期発見が大切であることに変わりはありません。
一緒に暮らす家族であれば、普段の生活の中で、「いつもと違う点」に気づきやすいと思います。声やしぐさや姿勢など、本人が気づかないようなことに気づけるのが家族です。がんにかぎらず、互いの体調を気遣う習慣を持ちましょう。

また、心のケアやお金のことを相談したいときは、がん相談支援センターを訪ねてみましょう。がん相談支援センターは、全国のがん診療連携拠点病院や小児がん拠点病院、地域がん診療病院などに設置されている相談の窓口です。
病気や治療、療養のほか、治療にかかる費用について相談することができます。相談員は、がんに詳しい看護師やソーシャルワーカーなどで、相談の内容が第三者に知られる心配はありません。

ショックを受けるのは当然ですが、あなたが悩んだり落ち込んだりしても、事態は進展しません。不運を嘆く前に、目の前の病気に立ち向かってください。そうすれば、がんを乗り越えたときに、**「夫婦の信頼感」**というかけがえのない財産を手に入れることができます。

70 60

分岐点

38

夫がうつ病になった！どうすればいい？

経済協力開発機構（OECD）のメンタルヘルスに関する国際調査によると、新型コロナウイルスの感染拡大の影響で、2020年の国内のうつ病・うつ状態の人の割合が（新型コロナが流行する前の）2倍以上に増加していることがわかりました。うつ病をふくめ、心の病は実数をつかむのが難しい一面があるため、「コロナ後の現在も増加中」と断言することはできませんが、注意が必要な状況であることは間違いありません。

「憂うつである」「気分が落ち込む」などと表現される症状を抑うつ気分といいます。そしてこのような抑うつ気分が強い状態を「抑うつ状態」といいます。さらに、このうつ状態がある程度以上重症である場合に「うつ病」と呼ばれます。

配偶者がうつ病になったことで、あなたは苦しんでいると思いますが、その**不安な気持ちを長期化させてはいけません。**不安な気持ちを強く持つことで何かが解決するわけではありません。まず相手の課題と自分の課題を分けて考え、整理する必要があります。

配偶者の課題は、病気を治すことです。心療内科などに通い、治療を受けることが何よりの解決策です。治療中は、仕事、育児、介護、お金など、あらゆる面であなたのサポートを必要としています。これは、がん（164ページ）の場合と同様です。

あなたの課題は、配偶者をサポートすることです。

うつ病の場合、本人、主治医、家族が協力しながら治療を進める必要があります。問題は、「どこまでサポートすべきか」や「いつまでサポートすればよいか」が見えにくい点です。

うつ病の場合、治療にかかる時間に個人差があります。短ければ3か月程度で回復する場合もありますが、人によって何年もかかる場合があります。ゴール地点が見えないまま並走するのは辛いものです。

そんなときは、足元だけ見て走り続けてください。あえて中長期的な目標は立てず、今日できることや今できることに集中してみましょう。「できることをひとつずつ」と考えて毎日を過ごしている間に、ゴールは突然向こうからやってきます。

そして、何年かのちに、夫婦で**「あのときは大変だったね」**と振り返れるようになるはずです。

分岐点

39

高齢の親に免許の返納をすすめたい

警視庁によると、東京都の令和4年の交通人身事故発生件数は3万1170で、そのうち高齢運転者（65歳以上）による事故が15・2％でした。事故全体に占める高齢運転者の割合は、この10年の間、15～18％程度で推移しており、特に上昇しているわけではありません。しかし、超高齢社会に突入している日本において、高齢運転者の反応の遅れや判断の誤りが、交通事故発生の要因となっていることは事実です。

高齢者は加齢により認知能力が低下します。

個人差はありますが、以下のようなさまざまなリスクが発生することが指摘されています。

■注意力や集中力が低下するリスク

■動体視力の衰えによるリスク

■反応速度の遅れによるリスク

認知症であると医師に診断された場合、運転免許は取り消しまたは停止となりますが、グレーゾーンにいる高齢者の数は多く、家族として心配になるのは当然です。

また、地方では、**車が高齢者の唯一の移動手段**となっていることも多く、免許の返納を強要できないという事情もあります。親が地方で暮らしている場合、車を手放すことが大きな心の痛手になる場合があるのです。

まずは、本人（親）が運転する車に同乗させてもらいましょう。

もし、加齢により認知機能が低下していたとしても、認知症でなければ、（通いなれた道に限定することで）安全運転は可能です。

一方、本人は「まだまだ大丈夫」と思っていても、実際には認知症が進んでいる可能性もあります。

年をとったという理由だけで、一方的に「免許を返納しろ」と強制はできません。

あなたが自分の目で運転技術を確かめ、そのうえで、「横の関係」で（個人と個人の対等な立場で）話し合ってください。高齢であったとしても、**人身事故**で他人を巻き込む恐ろしさや悲惨さは親自身が理解しているはずです。

70 60

分岐点

40

夫婦の会話が減ったらどうする？

一般的に年をとるにしたがって、夫婦の会話は少なくなっていくようです。子育てが一段落すると共通の話題がなくなるせいでしょうか。何十年も連れ添った夫婦なら、「今さら話すことなどない」と感じているのかもしれません。この先、何十年もこの状態が続くのかと不安になる人もいるようです。夫婦のコミュニケーションを円滑にするよい方法はないのでしょうか。

夫婦の関係はそれぞれの家庭によって異なるため、万能の答えはありませんが、もしかしたら、新たにペット（犬や猫）を迎え入れるだけで、コミュニケーションの問題が解決してしまうかもしれません。

ペットの飼育には、飼い主の健康状態を向上させる効果があります。一緒に過ごすことで、リラックスして気分のよい時間を過ごせるからです。餌やりや遊びなど、基本的なケアが必要になるため、飼い主の生活サイクルも安定します。

さらに、ペットと触れ合うときは、人間の脳内で「オキシトシン」という物質が分泌されることもわかっています。このオキシトシンは**「幸せホルモン」**とも呼ばれるように、精神を安定させ、リラックスさせてくれる効果があります。

最近は、福祉施設や介護施設で、この効果を利用したアニマルセラピーが行われるようになっています。

ペットを飼育することで、夫婦間のコミュニケーションも活性化します。お互いに「話題がない」と感じていても、ペットのことなら気軽に話せるからです。

仕事や趣味の場合、お互いのテリトリーや立場が違うため、共有できる部分が限られてしまいます。しかし、ペットの場合は、**完全に対等な立場**で情報を共有できるため、気軽に話せるのではないでしょうか。

また、犬の場合に限られますが、散歩で外出する機会が多くなることで、出先の公園やカフェなどで社会的な交流が増えます。さらに、インターネットやSNSを通じて、飼い主同士が知り合うことも可能になります。

「夫婦の会話がない」と嘆く前に、ペットの飼育を検討してみましょう。**新しい家族の力を借りて、夫婦のコミュニケーションを取り戻す**のです。

70 60

分岐点

41

リタイア記念に夫婦で旅行する？

年を重ねるにつれて、夫婦で出かける機会は減っていきます。お互いに忙しいのも理由のひとつですが、「お互いに自由に行動すればいい」と考えてしまうからではないでしょうか。60代は人生の転換期です。仕事も子育ても一段落ついたタイミングで、旅行に出かけてみるのはどうでしょうか。これから始まる老後の生活への景気づけです。再スタートを切るつもりで、旅先の非日常的な空間を共有してみましょう。

海外旅行がいいのでしょうか。

国内旅行のほうが安心できますか。

経験に投資するなら、60代をおすすめします。

もちろん、それ以降でも大丈夫ですが、今のうちに旅行体験を夫婦で共有する習慣をつけておけば、**思い出の配当**をたっぷり受け取ることができるからです。

夫婦の場合、お互いの存在を旅行で再認識することで、パートナーとして過ごす時間をより豊かな時間にするきっかけになるのではないでしょうか。

50 40

行先はどこでもかまいません。

今回は相手の意向を優先し、次回は自分が行きたいところにつき合ってもらう。そう考えれば、迷う必要はありません。

「どうせなら、大人数で楽しんだほうがいい」と考えるのであれば、親に旅行をプレゼントするのもよいでしょう。兄弟姉妹を誘って一族で出かけるのもよいアイデアです。

仕事をリタイアするきっかけで、**オヤ活**を実行するのです。

旅行で家族のきずなを深めたあと、思い出の配当をたっぷり受け取れるのですから、こんなにお得なことはありません。

旅行で楽しい体験ができたら、「また、出かけよう」と声をかけ、夫婦の旅行を年中行事にしてしまいましょう。

毎回、海外に出かける必要はありません。国内の世界遺産ツアー、九州全域の温泉巡り、関東地方の百名山制覇など、自分たちにぴったりのテーマを見つけ、定期的に出かけるようにするのです。

まだまだ、人生は続くので、目の前に分かりやすい目標があったほうが、「がんばろう」という気持ちになれるはずです。

70 60

おすすめの1冊:『DIE WITH ZERO――人生が豊かになりすぎる究極のルール』(著:ビル・パーキンス/ダイヤモンド社)

読書コラム 3

冒険とビジネス

「無人島に一冊だけ」と言われたら、どの本を持っていきますか。

私なら迷わず、『青春を山に賭けて』（著：植村直己／文藝春秋）を選びます。実際にスペイン留学時に持っていきました。この本は、今でも人生の節目で読み返しています。

植村直己は世界で初めて五大大陸の最高峰に登頂した日本人です。犬ぞりで北極点単独行とグリーンランド縦断も成功させています。

では、冒険の本がビジネスとどんな関係があるのでしょうか。

冒険家・植村直己は、目標を決め、目標を達成するために何をしたらいいのかを考え、それをコツコツと実行します。冒険は予想通りにいくとはかぎりません。だからこそ、乗り越える力をつけるために徹底的に準備します。

南極横断の距離が3000kmなら、徒歩での日本縦断3000kmで距離を体感する。何か困難なことが起きたときに、植村直己の冒険——犬ぞりの単独行で流氷に落ちてしまったことやエベレスト頂上の標高8,000m近くで仲間のために無酸素で物資を運ぶ辛さを考えれば、今自分がやっていることはとても楽に感じます。

ビジネスで困難を乗り越える、仕事を辞める、転職して新しい仕事をする……何かを決断することも冒険であるといえます。

自分の力の範囲内で行動すれば、たとえ時間がかかっても目標は達成できます。植村直己は裕福ではなかったかもしれません。しかし、多くの人々に愛され、私のような平凡な人間にも大きな力を与えてくれました。

無人島でなくてもかまいません。たまにはスマホを置いて、命を賭けた冒険者の本を手に取ってください。そんな本が一冊あれば、人生の後半戦でも前向きになれることでしょう。

第4章

70代以降は自分の人生を楽しむために生きる

ロードマップを広げて新たな「喜びの共有」を目指す

40代からの準備を助走期間とすると、50歳から70歳までの20年間は、働き方や生活をシフトチェンジして自分らしい生き方を見つけるための時間です。

そして、70歳を超えました。ここから先が本当の老後です。

一般的に、老後を楽しく暮らすために必要な要素は「健康」「資金」「生きがい」の3つであるといわれています。どれが欠けても充実した老後生活を送ることはできないので、重要な要素であることは間違いありません。

70歳になったら、この3つを礎にして、「どう生きるか？」をもう一度考え直してください。

加齢により体力は衰えてきますが、あなたの考える力は衰えません。

脱・定年時代の生き方を実践してきたあなたなら、いつの間にか周囲に共感できる仲間が集まっているでしょう。

仕事の仲間でも趣味の仲間でもかまいません。配偶者（またはパートナー）もあなたの仲

50 40

間です。そして、そんな仲間たちと、**「喜びを共有すること」**を目指してください。

70代のキーワードは「喜びの共有」です。

奉仕活動やボランティアで社会的なネットワークをつくることも大切ですし、その活動を否定するわけではありませんが、そこまで規模を広げなくても大丈夫です。

仲間はひとりでもかまいません。そのひとりの仲間と喜びをシェアすることで、老後の生活は大きく変わるでしょう。想像するだけでもワクワクするようなことを探すのです。

新しいビジネスにチャレンジしてみるのもいいでしょう。楽器の演奏でも料理でも登山でもスポーツでもかまいません。

欲張らずに一つだけ、喜びを共有できることを見つけて、チャレンジしてみましょう。

まだまだ、人生という旅は終わりません。

今こそ、過去を振り返り、**自分自身の価値をリニューアルする**ための方法を考えてください。70歳には70歳にしか見えない景色が広がっています。

今までよりも少しペースを緩め、当たり前のことをコツコツと実践していくのです。

70代 お金と生活戦略

分岐点

42

詐欺の被害者にならないためには?

70歳を超えると、退職金や相続した不動産などのまとまった資産を入手する人が増えるため、特殊詐欺や投資詐欺のターゲットになりやすいといわれています。このような問題の背景に、加齢による認知機能の低下があり、「注意すれば防げる」というわけではないので、事前の対策が必要です。「自分には関係がない」と思い込まないようにしましょう。

特殊詐欺とは、オレオレ詐欺、架空請求詐欺、融資保証金詐欺、還付金詐欺のなどの総称です

特殊詐欺の手口は巧妙なので、「絶対に自分だけは大丈夫」と断言することはできません。あなたが大丈夫でも、配偶者や親など、家族が詐欺の被害にあう可能性があるため、**家族全員で情報を共有**しておきましょう。

警視庁によると、特殊詐欺の場合、その多くが固定電話で接触してくるため、以下の情報を共有し、対策を立てておくことが重要です。

■知らない人からかかってきた電話には出ない
■迷惑電話防止機能つきの電話機に切り替える
■つねに留守番電話の設定にしておく（折り返しが必要な場合のみかけ直す）

また、「絶対に儲かる」「元本を完全保証」「今しか手に入らない」などの謳い文句にも注意しましょう。投資に関する案件であれば、詐欺である確率が高いからです。

詐欺ではないにしても、株や先物取引、投資信託、仮想通貨、外貨建て生命保険などの金融商品のなかには、大きなリスクが伴うものが含まれているため、気軽な気持ちで手を

出さないようにしましょう。金融知識ゼロの状態で契約してしまうと、大きな損失につながるので、十分な注意が必要です。

特殊詐欺も投資詐欺も、**高齢者の余剰資金**などを狙っていることを忘れないようにしてください。

70歳以上になると、認知症の問題とも無関係ではありません。

詐欺の加害者は、加齢により認知機能が低下している人や軽度の認知症患者を狙っています。認知症の症状が重い人は日常生活に支障が出るため、お金の管理を第三者にまかせている場合が多いからです。

具体的なターゲットは以下のような人です。

- **認知症の初期症状が出ていても、認知症であることを認めていない人**
- **ひとり暮らしの高齢者で、周囲に相談できる相手がいない人**
- **老後の資金に不安を感じている人**

横手家の場合は、私と妻と父親の3人で情報を共有し、どんな連絡が来ても決断するときは「3人の合意」を前提としています。これだけでも、詐欺の被害者になる確率は格段に低くなるのです。

あなた自身が「まだ大丈夫」と感じていたとしても、すでに認知症の初期症状が出ているかもしれません。あるいは、あなた自身が大丈夫でも、あなたの配偶者は大丈夫ではないかもしれないのです。

そのため、75歳以上の後期高齢者になったら、**「自分は認知症かもしれない」**と疑ってみることが大切です。


認知症の進行には個人差がありますが、早めに医師の治療を受けたほうが進行を遅らせることができる可能性が高くなります。

現在の医学では、完治を望めないかもしれませんが、この先何年も軽い症状のまま日常生活を送ることができる場合もあるので、治療を受けることはムダではありません。


月日が流れれば、立場は逆転します。

50代のあなたが親に対して感じていたことを、今あなたの子どもが感じています。オヤ活をしたあなたなら、その感情を十分に理解できると思います。

面子やプライドにこだわらず、家族会議に参加して、財産の管理を子どもに託すこと（家族信託）を検討してみましょう。

分岐点

43

リバースモーゲージのメリットとデメリット

老後の生活資金に不安がある場合、もし自宅等の不動産を所有している人であれば、リバースモーゲージの利用を検討することができます。これは自宅に住み続けながら、自宅を担保に融資を受けられる金融商品のことで、担保となる自宅の評価額を上限として借り入れが可能です。月々の支払いは利息分のみで、元本は契約者が亡くなったあとに、銀行が売却して回収します。

住宅ローンの場合、申込時や完済時に年齢制限がありますが、**リバースモーゲージ**は高齢者を対象としているため、60代でも申し込みが可能で、ほとんどの場合、完済時の年齢は定められていません。

お金の受け取り方は金融機関によって異なり、毎月一定額を受け取る年金タイプ、一括で受け取るタイプ、限度額のなかで何回かに分けて受け取るタイプなどがあります。

リバースモーゲージの主体は、大手金融機関、地方自治体などのため、安心感はありますが、最終的には自宅を手放すことになるため、（当然のことですが）相続人に不動産を残すことはできなくなります。

しかも、リバースモーゲージの対象となる不動産にはさまざまな条件があります。不動産の立地、担保評価額、契約者の収入などが細かく定められているため、希望しても利用できない場合があります。事前に条件を確かめておきましょう。

リバースモーゲージが難しい場合は、**「リースバック」**という方法もあります。これは一旦自宅を売却して資金を得てから、その後は賃貸契約で住み続けるサービスです。こちらは融資ではなく、不動産取引となります。

リバースモーゲージもリースバックも、自宅に住み続けたいという意向が前提になります。「長年住み続けた家から出たくない」という気持ちは理解できますが、どちらも決してお得な取引ではないことは理解しておいてください。

もし、どうしても老後の資金が必要な場合は、住み続けることにこだわらず、通常の手続きを経て、自宅を売却することも検討してみてください。

持ち主の感情（家に対する思い入れや執着心）にかかわる問題なので強制はできませんが、個人的には、あまりおすすめできるシステムではありません。

70 60

分岐点

４４

息子夫婦に同居を打診されたら、どうする？

内閣府男女共同参画局による「結婚と家族をめぐる基礎データ（令和４年）」によると、単独世帯（ひとり暮らしの世帯）は、２０１５年に全世帯の３分の１を超え、今後も増加することが予測されています。一方、以前は４割を超えていた「夫婦と子」の世帯は全体の４分の１に減少。今後もこの傾向は続く見込みです。子どもとの同居について、あなたはどう考えますか？

歳を重ねると気力や体力が失われます。同時に、長年住んだ家を出るのがおっくうになります。「環境を大きく変えたくない」と考える人も多いようです。

子育てに適した家と夫婦またはひとりで住む家の規模は違います。もし、あなた（あなたたち夫婦）が現在、広いスペースを持て余しているとすれば、息子夫婦と同居をするのも、選択肢の一つといえるでしょう。

息子夫婦としては、以下のようなメリットがあります。

■子育てを手伝ってもらえる

■家賃のコストを抑えられる
■親の認知症や介護に対する心配が減る（見届けられる）

この3つに関して異論がなければ、同居を検討してもよいでしょう。

ただし、二世帯の同居は、うまくいかないケースもあることを覚えておきましょう。実の親子であっても、個人の**価値観や生活習慣**は違います。あなたの息子や娘が大人として独立しているのであれば、子ども時代の価値観や好みなども変化していると考えたほうがよいでしょう。親子であっても個人として尊重することが大前提です。

実際には、いつの時代も変わらない嫁姑問題も存在します。はじめは小さなすれ違いでも、日々積み重なることで大きなストレスに変化します。同居してしまうと、逃げ場はありません。

正解は**「同居はしないが近所に住む」**ではないでしょうか。

あなたが家を処分して息子夫婦が住む町にマンションを買う。息子夫婦に自宅を貸して、あなたが近所のマンションを探す。どちらでもかまいません。

同居せずに近所に住むだけで、先ほどの「家賃のコスト」以外のメリットは、ほぼ達成できます。

分岐点

45

理想の老後に向けてリセットボタンを押す方法

「あなたにとって理想の老後とはどんな生活ですか」と問われたとき、明確に答えられるでしょうか。これから先、何十年か先の暮らしを予見できるでしょうか。あなたが現在、働いていても働いていなくても、まだまだ人生は続きます。70歳は「道半ば」です。一度リセットボタンを押すような気持ちで、自分の老後を見直してみましょう。

50歳から70歳までの20年間を振り返ってみると、「うまくできたこと」「うまくできなかったこと」を複数リストアップできるのではないでしょうか。できれば、ノートに書き出してみましょう。

そして、ノートを見ながら、自分に問いかけてみましょう。

■ **「うまくできたこと」のなかで、いちばん嬉しかったことは？**

■ **「うまくできなかったこと」のなかで、最も再チャレンジしたいことは？**

50　40

「うまくできたこと」から一つ、「うまくできなかったこと」からもう一つを選ぶのです。そして、頭のなかでリセットボタンを押して、この二つを中心に**生活設計を練り直してみる**のです。

70歳を過ぎてからは、自分のやりたいことだけに時間を費やしてかまいません。仕事を続けても引退してもかまいません。どこまで何をやるかを**自由にデザインする時期**に突入しています。

だれに何を言われても気にする必要はありません。

ただし、「なんでも自由にしていい」といわれると何もできなくなるのが人間です。自分の軸をしっかり持っている人であれば、毎日が忙しく、充実しているため、生活設計を練り直す必要はないと思いますが、(私も含めて)軸がぶれてしまう恐れがある人は、一度目標を整理してみましょう。

70歳以降は、定期的にリセットボタンを押して、軌道修正をしながら、未来の地図を書き換えていきましょう。何度、修正してもかまいません。トライしてみて「違うな」と思ったときは、途中で投げ出してもかまわないのです。

60 70

ここからは、「3年後」に目標を設定してみましょう。

3年間は約1100日です。1000日以上あれば、今までできなかったことができるようになります。次ページの「1000日フォーマット」に目標を記入してみましょう。

筋トレに挑戦すれば、3年後には引き締まった体を手に入れることができるでしょう。語学の勉強をスタートすれば、3年後には新しい言葉で日常会話を楽しめるようになるかもしれません。楽器の演奏に挑戦するのもよいアイデアです。3年後には人前で演奏できる腕前になっているでしょう。

ちなみに、80歳を超えた私の父は、米づくりに興味を持ち、現在は地元の農家と一緒に稲作の研究をしています。

5年では長すぎますが1年では短すぎる。3年くらいを目安にするのがちょうどいいのではないでしょうか。80歳になっても90歳になっても、自分で決めたルートを気ままに歩く。自分の**「はみ出す力」**を信じて歩き続けてください。

50 40

3年後の自分を想像する　1000日フォーマット

過去を振り返ってみて……

「うまくできたこと」のなかでいちばん嬉しかったこと

例①:
東京マラソンに参加して完走した

「うまくできなかったこと」のなかで再チャレンジしたいこと

例②:
独学でスペイン語に挑戦したが挫折した

1000日後までに

【目標】何をやるか?

例①:マラソンを完走して5時間を切れるようになる
例②:スペイン語を習得して日常会話ができるようになる

【イメージ】やりとげるとどうなる?

例①:ホノルルマラソンに参加して5時間以内に完走
例②:スペインのアンダルシア地方に行き、1か月暮らす

【逆算】はじめに何をやるか?

例①:毎朝5キロのランニングを習慣にする
例②:スペイン語の語学学校に通う

エピローグ

71歳になりました（2043年）

本書が世に出てから20年も経った。渋谷のスクランブル交差点は、もう外国人しか見かけない。20年前の北海道ニセコのスキー場のようだ。少子高齢化と言われていたが、ほぼ予測通り現実となった。今日本の人口は約1.1億人で、私のような65歳以上の高齢者は35％以上いる。日本の経済もこの20年間で縮んでしまった。日本企業の復活がないのは残念だが、自分がコントロールできることに特化してきた。この先も変わらない。

環境が変わっても常に自分がどうありたいのか、目的は何かを自問している。あのとき提唱していた脱・定年時代の歩き方をコツコツと実践して、今がある。仕事面では、企業に依存するスタイルからスモールビジネスにシフトして、自分に合う働き方に変えてきた。71歳になった今も、働き続けることができている。年金は70歳受給に繰下げできたので、受給額は約1.4倍になった。亡くなるまでもらえる不労収入としては最強だ。

子どもの独立とともに、東京から九州の長崎県に居を移した。人生2度目の移住。50代から生活費をダウンサイジングしたおかげで、老後の資金は十分ある。長崎は東京の半分以下の家賃で住めるうえ、新鮮な野菜と魚が手に入る。大自然のなかを1時間ほど散歩して、浜辺で筋トレをすれば、ジムは不要だ。地方に住むときは医療面が心配だが、ココロもカラダも健康な状態を保つ20年間の生活習慣がここにきて、威力を発揮している。夜9時に寝て、朝5時に起きる。20年間、睡眠の質を高めてきた。認知症にならないとは言えないが、遠ざけていることは事実だと思う。

もう旅は、終盤にきている。いや、71歳の今でも旅はこれからとも思える。20年間コツコツと人生を設計して、脱・定年時代の歩き方を愚直に実践してきたからだと思う。まだ、歩ける。「はみ出し力」を発揮して、70代ならではの挑戦をコツコツ続けていきたい。次はスペイン・ビルバオグッゲンハイム美術館への旅を実現して、小説を書くつもりだ。

最後に20年後の自分を予測して綴ってみた。ただの妄想ととらえるのか、言語化して実現するかどうかは自分次第。いつも主役は自分である。本書は、自分にとってのバイブルでもある。51歳の自分の心がどう動くかによって、今後の展開は大きく変わる。変えていくのはいつも他人ではなく自分だ。まだ、道半ばである。

前職で人間力を学ばせて頂いた重吉勉社長に感謝しています。そして、妻と長男・次男のおかげで、夫、そして父親という役割があることにも感謝したい。

横手彰太

横手彰太（よこて しょうた）

1972年生まれ。中央大学経済学部卒。オランダ、スペイン、ニセコを転々として今は東京在住。

株式会社ABCマート、ニセコで飲食店経営、不動産会社の株式会社日本財託を経て、老後問題解決コンサルタント・認知症とお金の問題の専門家として活動。現在は、スタートアップの株式会社ファミトラにて家族信託エキスパートして従事。

今まで1500人以上の相談を受け、延べ450組以上の家族会議に参加し、延べ資産額100億円以上の財産管理をサポート。セミナー講師として登壇実績200回以上。

顧客は、30億円の資産家から元国会議員、作家、大学教授、農家など幅広い。

NHKクローズアップ現代＋（2回出演）、テレビ朝日ワイドスクランブルなどメディアに多数出演。

著書に「認知症になる前に知っておきたいお金の話」（ダイヤモンド社）、「老後の年表」（かんき出版）、「老後の心配まるごと解決ノート」（宝島社）がある。

STAFF

ブックデザイン	鳴田小夜子（KOGUMA OFFICE）
イラスト	山本啓太
編集・構成	鍋倉弘一（有限会社ヴァリス）
校閲	山本尚幸（合同会社こはん商会）

仕事 お金 生活 40歳、50歳からの備えで安心!
脱 定年時代の歩き方

2023年10月3日　第1刷発行

著者	横手彰太
発行人	土屋 徹
編集人	滝口勝弘
編集担当	吉村理子
発行所	株式会社Gakken　〒141-8416　東京都品川区西五反田2-11-8
印刷所	大日本印刷株式会社
DTP	株式会社アド・クレール

〈この本に関する各種お問い合わせ先〉
・本の内容については、下記サイトのお問い合わせフォームよりお願いいたします。
https://www.corp-gakken.co.jp/contact/
・在庫については　Tel 03-6431-1201(販売部)
・不良品（落丁、乱丁）については　Tel 0570-000577
学研業務センター　〒354-0045　埼玉県入間郡三芳町上富279-1
・上記以外のお問い合わせは　Tel 0570-056-710(学研グループ総合案内)